Reise mit

TRANSSIBIRISCHE EISENBAHN

Bilder von
Johann Scheibner

Texte von
Bernd Klaube

Stürtz

ИРКУТСК
КАССЬ ДАЛЬНЕГО СЛЕДОВАНИЯ
НАЧАТО 1906г.

Вокзалъ
ВЫНОС 1,5 М
214
214

Erste Seite:
Der Sonderzug „Golden Eagle“ ist als Transsibirien-Express durch Russland mit Touristen aus aller Welt unterwegs. Der goldene Doppeladler ist Wappen Russlands und Zeichen des Zuges in einem.

Vorherige Seite:
Zu jeder Tages- und Nachtzeit herrscht reges Treiben am Bahnhof der ostsibirischen Hauptstadt Irkutsk. Das Gebäude wurde Anfang des 20. Jahrhunderts von italienischen Architekten errichtet und ist außen wie innen in einem sehr gepflegten Zustand.

Unten:
Das Ambiente im Speisewagen der Transsibirischen Eisenbahn ist gepflegt und Speisen wie auch Getränke, die serviert werden, sind von guter Qualität. Die Nachfrage hält sich allerdings aufgrund der hohen Preise in Grenzen.

Seite 10/11: *Ein Zug rollt über die Ob-Brücke der sibirischen Hauptstadt Novosibirsk in Richtung Westen. Das Brückenelement im Vordergrund ist ein Original aus dem Jahre 1893 und stammt von der ersten Brücke über den Fluss. Heute dient es als Technisches Denkmal.*

Inhalt

Wenn der Weg das Ziel ist – Auf Entdeckungsreise mit der Transsib

Die E-Lok eines Schnellzuges auf der Strecke der Transsibirischen Eisenbahn hat soeben ein Lichtsignal passiert, das sofort wieder auf Rot umschaltet. Bei Sonnenuntergang bekommt dieser technische Vorgang eine romantische Färbung…

„Die Transsibirische Eisenbahn ist *die* Bahnreise auf der ganzen Welt. Alles andere sind Peanuts."

Eric Newby (Englischer Reiseschriftsteller)

… also bitte einsteigen in den Transsibirien-Express auf der längsten Bahnstrecke der Welt! Wenn bei den verschiedensten Anlässen die Sprache auf das Thema „Transsibirische Eisenbahn" kommt, verklären sich die Blicke der Gesprächspartner egal welchen Alters und welchen Geschlechts ins Träumerische. Nach einer kleinen Pause, manchmal verbunden mit einem wehmütigen Seufzer, kommt immer wieder der Wunsch oder gar Lebenstraum zum Ausdruck, diese Reise auch einmal machen zu wollen. Spätestens seit dem Mauerfall und dem Ende der Teilung der Welt in Erreichbares und Unerreichbares ist dieser Traum mögliche Realität. Mit Sicherheit gehört eine Reise auf der „Transsib", wie sie liebevoll im Russischen wie auch im Deutschen genannt wird, zu den vielleicht letzten Abenteuern, die man auf unserem immer kleiner werdenden Erdball noch machen oder erleben kann.

Allein die Dimensionen sprechen für sich. Man ist unterwegs auf der längsten interkontinentalen Eisenbahnstrecke der Welt und von Moskau nach Wladiwostok fährt man 9288 Kilometer durch Russland ohne eine Staatsgrenze passieren zu müssen. Reisende überqueren die wichtigsten europäischen und asiatischen Flüsse und Ströme Russlands, man durchreist mehr als ein Dutzend der größten russischen Städte, darunter Millionenstädte wie Moskau, Nishnij Novgorod, Perm, Jekaterinburg, Omsk, Novosibirsk und Krasnojarsk. Man durchfährt die zentralrussische Tiefebene und das Wolgagebiet. Nach 1777 Kilometern erreicht der Zug im Ural die Kontinentalgrenze zwischen Europa und Asien, markiert durch einen weißen Steinobelisken, um noch weitere 7511 Kilometer durch Asien bis zum Pazifik zu rollen. Die Reise geht durch das westsibirische Tiefland, durch weite Grassteppen, durch die schier endlose

Taiga und das ostsibirische Mittelgebirgsrelief über Ostsibirien mit dem einzigartigen Baikalsee, durch Transbaikalien zum Amur und Ussurij im Fernen Osten, bis zum Pazifischen Ozean mit dem Endpunkt Wladiwostok.

Wie alles begann

Bereits um das Jahr 1870 herum gab es erste Ideen und Planungen für eine Eisenbahn vom Ural durch ganz Sibirien. Vorbild waren die großen, bereits realisierten Bahnprojekte in den USA und Kanada, die die „Neue Welt“ von Ost nach West durchquerten. Russland war in Sachen Eisenbahnbau nicht unbedingt rückständig, wie man annehmen könnte, denn bereits 1837 fuhr die erste Russische Eisenbahn von Sankt Petersburg nach Zarskoje Selo zu den Sommerresidenzen der Zaren. 1851 war die erste Fernbahnstrecke von Sankt Petersburg nach Moskau fertiggestellt. Sehr schnell und durchdacht wurde ein weit verzweigtes Eisenbahnnetz im europäischen Teil des Zarenreiches bis zum Ural aufgebaut. So erreichte der Bahnbau im Jahre 1886 den östlichen Ural bei der Stadt Tscheljabinsk. Zum ersten Mal fuhren Züge in Russland über die Kontinentalgrenze von Europa nach Asien.

Bereits im Jahre 1881 hatte mit Alexander III. ein Zar mit Zukunftsvisionen für sein Reich den Thron bestiegen. Seine Vision war der Bau einer durchgehenden Eisenbahnverbindung von der Hauptstadt Sankt Petersburg bis Wladiwostok, vom Baltischen Meer bis zum Pazifik. Die Bahn sollte Russland in seiner ganzen Länge von West nach Ost durchqueren. Diese Vision wurde in seinem Umfeld unterstützt durch den damaligen Eisenbahnminister, ab 1892 Finanzminister, Sergej Juljewitsch Witte. Natürlich steckten hinter den kühnen Visionen des Zaren konkrete Gründe und notwendige Maßnahmen um das schier unermesslich große und an Rohstoffen reiche Land besser zu erschließen. Die wichtigsten Gründe für den Bahnbau durch Sibirien waren:

- Sibirien und den Fernen Osten fest in das Russische Zarenreich zu integrieren und erreichbar zu machen,
- Rohstoffe mit modernen Transportmitteln, also der Eisenbahn, in das Europäische Russland und das Russische Mittelasien zu transportieren,
- den Handel mit China und anderen asiatischen Mächten schneller zu entwickeln,
- ausländische Investoren anzulocken,
- verstärkt umsiedlungswillige Bürger des Reiches, vor allem Bauern zur Besiedlung nach Sibirien zu bewegen
- und nicht zuletzt die geostrategische Bedeutung einer solchen Bahnverbindung im

Pazifischen Raum, bis an die Grenzen des Einflussbereiches der Chinesen und vor allem der Japaner, deren Expansionsbestrebungen immer deutlicher und aggressiver zutage traten.

Finanziert wurde das Projekt zum Teil durch Anleihen bei belgischen und französischen Banken. Das gesamte Material für den Bahnbau sollte ausschließlich von der russischen Wirtschaft zur Verfügung gestellt werden, laut Festlegung des Zaren und der Regierung. Im März 1891 erfolgte die offizielle Proklamation für den Bau der Transsibirischen Eisenbahn durch Zar Alexander III. Am 19. Mai 1891 vollzog der Zarewitsch Nikolaj, der spätere Zar Nikolaj II., den offiziellen Baubeginn für dieses Jahrhundertbauwerk in Wladiwostok durch das Ausschütten der ersten Schubkarre. Am 19. Juni 1892 wurde im Ural bei Tscheljabinsk mit dem Bau der Westsibirischen Eisenbahn begonnen. Im Jahre 1894 erreichte der Bahnbau Omsk in Westsibirien, der erste sibirische Strom, der Irtysch vor den Toren der Stadt, war somit überbrückt. 1893 begann man am weiter östlich gelegenen riesigen Fluss Ob eine Brücke zu bauen, an dieser Stelle entwickelte sich im Rahmen der Bauarbeiten eine Siedlung, später die Stadt Novo-Nikolajewsk, das heutige Novosibirsk. Zwischen 1893 und 1898 entstand die teilweise durch Mittelgebirge führende Strecke östlich des Ob über Krasnojarsk, den Jenissej überquerend bis nach Irkutsk. Am 16. August 1898 fuhr der erste Zug in den Bahnhof von Irkutsk ein, was die Bevölkerung mit Stolz und Glück erfüllte. Man war nun mit Europa und der Welt verbunden. In der Pelz- und Tee-Handelsstadt Irkutsk, unweit des Baikal, konnten nunmehr Handel und Gewerbe weiter aufblühen.
Die Bauarbeiten waren auf einer Strecke von mehr als 5000 Kilometern von Moskau aus gerechnet erfolgreich vorangekommen. Im Jahre 1895 waren bis zu 30 000 Bauarbeiter an diesem Großprojekt beteiligt. Als weitaus kompliziertester Bauabschnitt sollte sich das Gebiet um den Baikalsee erweisen, den man nun von Irkutsk aus in Angriff nahm. Aus drei möglichen Varianten entschied man sich für die augenscheinlich teuerste, nämlich, am Ufer des Angara-Flusses in Richtung Baikal weiterzubauen. Der Baikalsee sollte mit eigens in Glasgow georderten Fähren, einer Personenfähre namens „Angara“ sowie einer Eisenbahnfähre namens „Baikal“ diagonal ans Ostufer überquert werden. Dieses Projekt wurde Ende April des Jahres 1900 vollendet und die Züge konnten nun in den Fernen Osten weiterrollen, wenngleich es sich als umständlich erwies, den Zug in Port Baikal zu verlassen und mit der Fähre überzusetzen. Kompli-

Der Hauptbahnhof in Novosibirsk ist der größte in Sibirien. Von der Stadtseite blickt man hier auf die Haupthalle.

zierter waren die Überfahrten im Winter, denn dann wurden Fahrgäste und Güter mittels Pferdeschlitten über den See transportiert, am Ostufer bei der Station Mysowaja stand dann der Zug zur Weiterfahrt Richtung Osten bereit.

Die sogenannte Amur-Bahn war zu diesem Zeitpunkt noch nicht in Angriff genommen. Im Streckennetz klaffte die gewaltige Lücke von rund 2000 Kilometern zwischen dem Ort Sretensk am Fluss Schilka und Chabarovsk am Amur. Wieder mussten Passagiere umsteigen, dieses Mal in Boote für die Flussfahrt auf Schilka und Amur, ebenso verfuhr man mit Gepäck und Frachtgut. Bei dieser Art zu reisen war die Fahrt mit der Transsibirischen Eisenbahn noch ein wahres Abenteuer mit vielen Unwägbarkeiten und großem Zeitaufwand. Bereits im Jahre 1896 wurde mit China ein Konzessionsvertrag unterzeichnet, der es Russland gestatten sollte, eine Bahnstrecke durch die Mandschurei nach Wladiwostok im Osten und Dalnij (heute Dalian) beziehungsweise Port Arthur (Lüshun) im Süden zu bauen und zu betreiben. Dieser Pachtvertrag war auf 25 Jahre ausgelegt. So verkürzte sich die Entfernung nach Wladiwostok um fast 700 Kilometer im Vergleich zur Streckenführung entlang des Amur. Auch waren die geologischen und klimatischen Bedingungen für Bau und Betreibung dieser Strecke weitaus günstiger. Der Arbeitskräftebedarf stieg immens und es wurden im Fernen Osten verstärkt Arbeiter aus China, Korea und Japan herangezogen, die waren im Vergleich mit russischen Arbeitern um zwei Drittel billiger. Außerdem fehlte es in den extrem dünn besiedelten Gebieten an Arbeitskräften. Um die Jahrhundertwende waren etwa 90 000 Arbeiter mit dem Bau der Transsib beschäftigt, nun auch erstmals Verbannte und Strafgefangene. Bereits im Jahre 1903 war der durchgängige Zugverkehr auf der „Großen Sibirischen Bahn" zwischen Sankt Petersburg und Dalnij (Dalian) beziehungsweise Port Arthur (Lüshun) möglich.

Port Arthur war zu dieser Zeit der strategisch äußerst wichtige Heimathafen der zaristischen Pazifik-Flotte und Endpunkt der Transsib, die in unmittelbarer Nachbarschaft liegende Stadt Dalnij (ehem. chin. Talienwan) sollte zu einem großen Freihafen ausgebaut werden. Stadtplaner hatten den Auftrag ein russisches San Francisco zu kreieren. Dalnij lässt sich aus dem Russischen mit „weit entfernt" übersetzen. Die

moderne chinesische Hafenstadt heißt heute Dalian und einige Gebäude der Millionenstadt erinnern noch an die russische Zeit, unter anderem der alte Bahnhof.
Fahrgäste nach Wladiwostok mussten in Harbin, der Hauptstadt der Mandschurei, umsteigen. Da die Überquerung des Baikal zu fast jeder Jahreszeit mit großen Risiken verbunden war, wurde die Planung der erwartungsgemäß sehr teuren Baikalbahn fortgesetzt. Im Jahr 1902 begannen die Arbeiten auf dem 84 Kilometer langen Abschnitt von Port Baikal bis Sludjanka. Die Trasse musste buchstäblich in den Fels gesprengt werden, für einen Kilometer Strecke benötigten die Bauarbeiter einen Waggon Sprengstoff, am Tage wurden 40 bis 50 Zentimeter Tunnelvortrieb geschafft. Insgesamt wurden 39 Tunnel durchgeschlagen sowie 424 Ingenieurbauwerke wie Brücken, Galerien und Stützmauern errichtet. Für den Tunnelbau hatte man eigens Spezialisten aus Italien und Albanien angeheuert. Dieser Streckenabschnitt wird bis heute als die „Goldene Schnalle" der Transsibirischen Eisenbahn bezeichnet, schloss sie doch symbolisch in der Mitte eine wichtige Lücke, wie eine Gürtelschnalle – aber sie war eben auch so teuer, dass man sie mit Gold aufwiegen konnte.
Noch war dieser strategisch und eisenbahntechnisch wichtige Abschnitt im Bau, als im Februar 1904 die Japanische Flotte den russischen Kriegshafen Port Arthur angriff, die Pazifikflotte des Zaren weitgehend zerstört wurde und damit der Russisch-Japanische Krieg begann. Ein Grund mehr, nun sehr zügig den Bau der Baikalbahn voranzubringen, denn im Fernen Osten stockte der Nachschub aufgrund zu geringer Transportkapazitäten der Eisenbahn. Im Februar und März 1904 wurden sogar Schienen auf dem zugefrorenen See verlegt, um Waggons und demontierte Lokomotiven ans andere Ufer zu bringen. Die Waggons wurden allerdings entgegen aller Legenden von Pferden gezogen. Nach zwei Jahren und vier Monaten wurde dieser komplizierte Streckenabschnitt am 30. September 1904 mit dem ersten Zug durch den Eisenbahnminister Michail Ivanovitsch Chilkov eingeweiht. Abgesehen vom gigantischen materiellen und menschlichen Aufwand sollte dieser Teil der Transsib über Jahrzehnte zum imposantesten und malerischsten überhaupt werden. Bereits zwischen 1911 und 1915 wurde dieser Streckenabschnitt zweigleisig ausgebaut. Aufgrund der Niederlage Russlands im Russisch-Japanischen Krieg gingen die Pachtrechte an den Häfen Dalnij und Lüshun verloren. Durch geschickte Verhandlungen der russischen Seite konnten jedoch die Betriebsrechte für die Strecke durch die Mandschurei bis nach

Der Zug gleitet sanft durch die Winterlandschaft an einer Datschensiedlung vorbei. Die Datschas sind die beliebten und notwendigen Wochenendhäuser mit Grundstücken am Rande der Großstädte. Ideal, wenn so wie auf dem Bild sichtbar die Bahnstation der „Elektritschkas" vor der Tür liegt.

Wladiwostok bis in die 1920er-Jahre gerettet werden und so fuhr man weiterhin über chinesisches Territorium bis zum Pazifik.
Der letzte Bauabschnitt der gigantischen Eisenbahnstrecke, die sogenannte Amur-Bahn, wurde 1908 in Angriff genommen. Noch einmal eine große Herausforderung für mehr als 20 000 Bauarbeiter, ging es doch nun erstmals über hunderte Kilometer durch Gebiete mit Permafrostboden, im Winter bei Temperaturen von bis zu minus 60 Grad, im Sommer bei bis zu 45 Grad plus eine äußerst schwierige Aufgabe für Mensch und Material. Dieser letzte Abschnitt wurde mit der Vollendung der Brücke über den Amur, vor den Toren der Stadt Chabarovsk, im Jahre 1916 übergeben, somit war die „Große Sibirische Eisenbahn" von Sankt Petersburg bis Wladiwostok durchgängig befahrbar. Nach 25-jähriger Bauzeit wurde dieses gigantische Projekt abgeschlossen, ungeachtet der Tatsache, dass beim Bahnbau Zehntausende den Tod gefunden hatten, durch Unfälle, durch Krankheiten und Epidemien. Sibirien war von nun an ein fester Bestandteil des Reiches, keine Kolonie mehr, der Zuzug an Siedlern verdoppelte sich allein zwischen 1900 und 1910, die Industrialisierung schritt voran, Landwirtschaft und Handel boomten.

Die „Transsib" heute

Besonders nach dem Zweiten Weltkrieg setzte ein zweiter Bauboom auf der Transsib ein. Bis zu Beginn der 1950er-Jahre war der zweigleisige Ausbau der Hauptstrecke abgeschlossen. Nach der Oktoberrevolution wurde die Hauptstadt von Sankt Petersburg nach Moskau verlegt und somit das Bahnnetz neu geordnet, das heißt, die Entfernungsmessung beginnt immer in Moskau mit dem Kilometer „0". Der offizielle Verlauf der Transsibirischen Eisenbahn war nun festgelegt ab Moskau, Jaroslawler Bahnhof, mit dem legendären Kilometer „0" am Bahnsteig. Sie führt über Jaroslawl an der Wolga, weiter über Kirow, Perm, Jekaterinburg, Tjumen, Omsk, Novosibirsk, Krasnojarsk, Irkutsk, Ulan Ude, Tschita, Birobidschan, Chabarovsk über 9288 Kilometer bis nach Wladiwostok. Auch hier steht auf dem Bahnsteig ein Obelisk mit dem legendären Kilometer „9288".

Unweit der Transsibirischen Eisenbahn, bei der Stadt Perm im Ural, befand sich bis 1991 ein GULAG mit der Bezeichnung Perm-36, heute befindet sich hier die einzige GULAG-Gedenkstätte in Russland.

In den 1950er-Jahren begann verstärkt die Elektrifizierung auf wichtigen Streckenabschnitten sowohl in Sibirien wie auch im europäischen Teil Russlands. Als letzter Abschnitt ging am 25. Dezember 2002 die Strecke von Chabarovsk nach Ussurijsk mit einer Länge von 645 Kilometern ans Netz. Zwischen Irkutsk und dem Baikalsee waren streckentechnische Veränderungen erforderlich, da man ab 1949 unmittelbar hinter Irkutsk ein Wasserkraftwerk mit Stausee bis zum Baikal errichtet hatte. Die alte, malerische Strecke entlang der Angara bis nach Port Baikal versank in den Fluten des neuen Stausees. Deshalb wurde von 1949 bis 1956 die Steigungsstrecke durch das Baikalgebirge von Irkutsk nach Sludjanka gebaut, sofort zweigleisig und elektrifiziert. Mit modernen, leistungsstarken E-Loks war der Aufstieg zum Pass auf rund 400 Meter über den See kein technisches Problem mehr, wie noch zu Beginn des 20. Jahrhunderts angenommen. Mit der endgültigen Flutung des Stausees bei Irkutsk hatte nun auch die verbliebene Reststrecke von Port Baikal nach Sludjanka für den Regelzugverkehr ausgedient. Die „Goldene Schnalle“ war zur Stichstrecke mit geringem Bedarfsverkehr zurückgestuft worden und es gab Pläne für deren Stilllegung. Gegenwärtig boomt dieser Streckenabschnitt vor allem in den Sommermonaten durch die Befahrung mit Sonderzügen und Touristen aus aller Welt. Auch wurde der Regionalverkehr nicht aufgegeben. Die Strecke wurde technisch, Signale und Weichen betreffend, modernisiert, der Oberbau stabilisiert und nach wie vor gehört dieser Abschnitt zum aufregendsten und malerischsten der gesamten Strecke und es ist schlichtweg falsch, von der „stillgelegten Baikalbahn“ zu reden. Neben der erwähnten Hauptstrecke gibt es weitere Strecken, die zur Transsibirischen Eisenbahn zählen, wie der Streckenabschnitt Moskau, Wladimir, Nishnij Novgorod, Kirow und weiter nach Perm auf der Hauptstrecke oder auch der Abschnitt von Moskau, Kasaner Bahnhof, Kasan nach Jekaterinburg. Auch die alte, erste Trasse der Transsib von Moskau über Pensa, Samara, Ufa, Tscheljabinsk, Kurgan, Petropawlowsk in Kasachstan nach Omsk wird als Teil der Transsibirischen Eisenbahn im Fahrplan geführt.

Lebensader für Russland und Eurasien

Gefahren wird heute mit maximal 100 bis stellenweise 120 Kilometern pro Stunde, das macht eine Durchschnittsgeschwindigkeit bei Personen-

zügen von 60 bis 70 Kilometern pro Stunde aus, Güterzüge sind noch etwas langsamer unterwegs. So dauert eine Fahrt von Moskau nach Wladiwostok mit dem schnellsten Zug auf dieser Strecke, dem „Rossija-Express“, 144 Stunden, andere Züge benötigen bis zu 160 Stunden für die 9288 Kilometer.

Täglich sind auf dieser legendären Eisenbahnstrecke Tausende Personen- und Güterzüge unterwegs. Die Russische Bahn (RZD = Russische Staatseisenbahn) hat das Monopol im Personen- wie auch Güterverkehr. Die Bahn ist in Russland wieder das Verkehrsmittel „Nummer 1“ bei der Bevölkerung, nachdem mit Ende der Sowjetunion staatlich gestützte Flugpreise wegfielen, die das Fliegen um 20 bis 30 Prozent billiger machten als Bahn fahren. Für den Normalbürger im Regelzug ist die Fernreise mit dem Zug ein notwendiges Übel, sind doch die meisten Waggons veraltet, teilweise verschmutzt, das Personal ist überfordert, demzufolge unfreundlich und herrisch. Von all dem merkt aber der Reisende im Sonderzug auf der Transsib wenig. Gute, saubere und gepflegte Waggons in verschiedenen Kategorien, von einem Stern bis fünf Sterne in einem Zug, mehrere Speisewagen, wo die Gäste während der Reise nicht nur verpflegt werden, sondern regelrecht vom Personal mit typisch russischen Speisen und Getränken verwöhnt werden.

Für die Reise auf der Kurzstrecke ist die „Elektritschka“, die „Elektrische“, das typische Nahverkehrsmittel, die im Umkreis von bis zu 400 Kilometern von Großstädten und Ballungszentren unterwegs ist. Es folgen die Personenzüge, „Passaschirsky“, die an fast jeder Station halten und sehr lange unterwegs sind, hier gibt es allerdings schon die Schlaf- und Liegewagen. Etwas schneller sind die Schnellzüge, „Skorij-Pojesd“, unterwegs und am schnellsten und auch schon recht komfortabel die Expresszüge oder die „Firmennij Pojesd“, die paarweise zwischen den Großstädten und Moskau oder Sankt Petersburg verkehren. Sie sind immer in der jeweiligen Provinzstadt beheimatet, diese stellt das Zugpersonal und die Waggons. Diese Regelzüge haben maximal 21 Waggons, das heißt ein Gepäckwagen, ein Speisewagen, ein sogenannter „Stabswagen“ für den Zugchef und Technisches Personal, einen Wagen erster Klasse mit neun Zweibettabteilen, fünf bis sechs Waggons zweiter Klasse mit neun Vier-Bett-Abteilen und durchschnittlich zehn Wagen mit offenen Abteilen und einfachen, harten Liegen für 54 Personen. Alle diese Waggons haben maximal zwei Toiletten mit kleinem Waschbecken, Dusche oder andere Annehmlichkeiten fehlen. Zwei Schaffnerinnen tun hier rund um die Uhr Dienst, kochen und servieren Tee, halten Bettwäsche und Handtücher bereit und kontrollieren die Fahrkarten beim Einstieg. Fahrgäste können nur in ihren reservierten Waggon einsteigen, gegen Vorlage der Fahrkarte, des Bettplatzes und des Personalausweises oder eines Reisepasses. Das Auftanken des Wassers, die Müllentsorgung und Reinigung der Toiletten, Abteile und Korridore übernehmen die Schaffner. Sie sind im Winter auch fürs Heizen verantwortlich, geheizt wird jeder Wagen einzeln mit Steinkohle, im Einzelfall mit Heizöl. Die Lokomotiven und das Lokpersonal werden meist an den Grenzen der jeweiligen territorialen Eisenbahngesellschaft gewechselt, davon gibt es allein an der Transsib je nach Strecke neun bis zehn.

Die transsibirische Eisenbahn ist die wichtigste Ost-West-Verbindung durch Russland und der wichtigste Güter-Transportweg zwischen dem europäischen und asiatischen Russland sowie seinen Anrainerstaaten. Das Straßennetz durch Sibirien befindet sich gerade im Aufbau, aus noch weitgehend vorhandenen Schotterpisten entstehen langsam ganzjährig befahrbare Fernstraßen. Somit liegt die Hauptlast des Warentransports bei der Bahn. Rohstoffe, Halbfabrikate und Seefisch werden von Ost nach West transportiert, Industrieanlagen, Fahrzeuge, Lebensmittel von West nach Ost. Eine immer größere Rolle spielt auf der Transsib der Warenverkehr von Russland durch die Mongolei nach China, vor allem Rohstoffe wie Holz, Öl, Gas, Erze und Steinkohle werden in riesigen Mengen mit ständig steigendem Bedarf transportiert. Westeuropas Exporteure bewerten die Transsib als schnelle und zuverlässige Alternative für Transporte nach China, Korea und Japan. Es gilt, den Personen- und Güterverkehr für höhere Geschwindigkeiten und mehr Durchlassfähigkeit (Zugdichte) auszubauen.

Seite 22/23:
Der Bahnhof in Ulan Ude, der Hauptstadt Burjatiens. Im Winter können hier Temperaturen von bis zu minus 50 Grad Celsius herrschen. Unweit des Bahnhofs zweigt die Transmongolische Eisenbahn von der Transsibirischen ab.

Seite 24/25:
In S-Kurven und einer 360-Grad-Kehre windet sich ein mit Steinkohle beladener Güterzug über die höchste Stelle der Transmongolischen Eisenbahn unweit der Hauptstadt Ulaanbaatar. Der Pass liegt auf 1425 Meter Höhe. Diese Strecke wird immer in Doppel-Traktion befahren, hier zwei moderne Diesselloks der Baureihe DASH-7 aus den USA.

Ein Touristen-Sonderzug auf der alten Strecke der Baikalbahn zwischen Sludjanka und Port Baikal. Auf der Strecke gibt es allein 39 Tunnels, zahlreiche Brücken und Galerien unmittelbar am Seeufer.

Республика Бурятия
Улан-Удэ
Выход в город

РОССИЯ
018
14730

Von Moskau und dem Goldenen Ring bis in den Ural zur Kontinentalgrenze

Der Blick geht über den „Moskau-Fluss“, die Moskva, zur Steinernen Brücke und auf den Kreml. Mit seiner Mauer, den Wachtürmen, Palästen und Kathedralen ist er das Wahrzeichen Moskaus und Machtzentrum Russlands.

Die klassische Reise auf der Transsibirischen Eisenbahn beginnt unweit des Kreml, am „Platz der drei Bahnhöfe“ im Zentrum Moskaus. Der älteste Bahnhof am Platz ist der Petersburger oder Leningrader Bahnhof aus dem Jahre 1851. Von hier fahren bis heute die Züge nach Sankt Petersburg ab. Für eine Reise mit der Transsibirischen Eisenbahn kommen entweder der Jaroslavler Bahnhof oder der Kasaner Bahnhof in Betracht, die das „Trio“ der Bahnhöfe an diesem Platz komplettieren. Auf dem Querbahnsteig des Jaroslavler Bahnhofs steht der Obelisk mit dem Kilometer „0“, gekrönt vom russischen Doppeladler. Dieser markiert den Beginn der Transsib. Die Strecke führt über Jaroslavl, eine der sehenswertesten altrussischen Städte am Goldenen Ring, mit Überquerung der Wolga. Es geht durch die Russische Tiefebene nach Kirow am Fluss Wjatka, weiter in den westlichen Ural, wo bei der Millionenstadt Perm die Kama überquert wird.
Beim Kilometer 1777 befindet sich auf der rechten Seite in Fahrtrichtung ein weißer Obelisk mit der Aufschrift „Asien“ und „Europa“, ab jetzt rollt der Zug durch Asien. Als Alternativstrecke kann man vom Jaroslavler Bahnhof über Wladimir, der sehenswerten Stadt am Goldenen Ring, weiter über Nishnij Novgorod, der alten Handelsstadt am Zusammenfluss von Oka und Wolga, über Kirow in Richtung Perm fahren. Sehr reizvoll ist die Fahrt vom Kasaner Bahnhof in Moskau über Kasan an der Wolga, der Hauptstadt der Tataren, das zu den schönsten Städten Russlands zählt, weiter in den Ural auf einer malerischen Strecke durch das Mittelgebirge bis nach Jekaterinburg. Die Kontinentalgrenze wird etwa eine Stunde vor Jekaterinburg beim Durchfahren eines Tunnels unterquert.

ВОКЗАЛ
TAXI

Linke Seite:
Der Jaroslavler Bahnhof in Moskau mit seiner schlossartigen Fassade wurde 1904 eingeweiht. Der Bahnhof ist der offizielle Beginn der Transsibirischen Eisenbahn, er wird täglich von Zehntausenden Reisenden frequentiert.

Die Empfangshallen in vielen großen Bahnhöfen Russlands erinnern an Kathedralen. In der Haupthalle des Kasaner Bahnhofs dominiert ein großes Wandbild, der heilige Georg, Schutzpatron der Stadt Moskau. Er besiegt das „Böse“, den Faschismus, aufgeführt sind Städte und Daten der großen Schlachten des Zweiten Weltkrieges, von Moskau 1941 bis Berlin 1945.

Links:
Am Kasaner Bahnhof in Moskau herrscht zu jeder Tageszeit reges Treiben. Er ist der zweite Bahnhof im Zentrum Moskaus von dem die Züge der Transsibirischen Eisenbahn ankommen oder abfahren.

Unten:
Ankunft am Kasaner Bahnhof in Moskau. Gebäude und Bahnsteige wurden in den letzten Jahren komplett saniert. Ein- und Aussteigen ist hier besonders bequem. Im Hintergrund das Hotel „Leningradskaja" im sogenannten „Zuckerbäckerstil".

Oben:
Die Eisenbahn ist der wichtigste Verkehrsträger Russlands. Egal ob Fernreise oder nur der Ausflug auf die Datscha in der Umgebung, alles wird mit der Bahn transportiert.

Eine der berühmtesten Stadtansichten von Moskau: der Blick über die Kremlmauer zu den goldenen Kuppeln der Maria-Verkündigungs-Kathedrale, die als Hofkirche für Großfürst Iwan III. von 1484 bis 1489 erbaut wurde. Im Hintergrund der Große Kremlpalast, erbaut von 1838 bis 1849, sowie der Facettenpalast aus den Jahren 1487 bis 1491.

Abendstimmung am Roten Platz in Moskau. Das Historische Museum begrenzt den Platz nach Norden hin auf monumentale Weise. Im Museum wird in 48 Sälen die Geschichte Russlands und der Sowjetunion dokumentiert.

Rechte Seite:
Die Basilius-Kathedrale am Roten Platz, vollendet 1561, ist eines der bekanntesten und schönsten Kirchenbauwerke Russlands. Sie wurde auf Befehl Iwan des IV., genannt der Schreckliche, anlässlich des Sieges der Russen über die Tataren in Kasan errichtet.

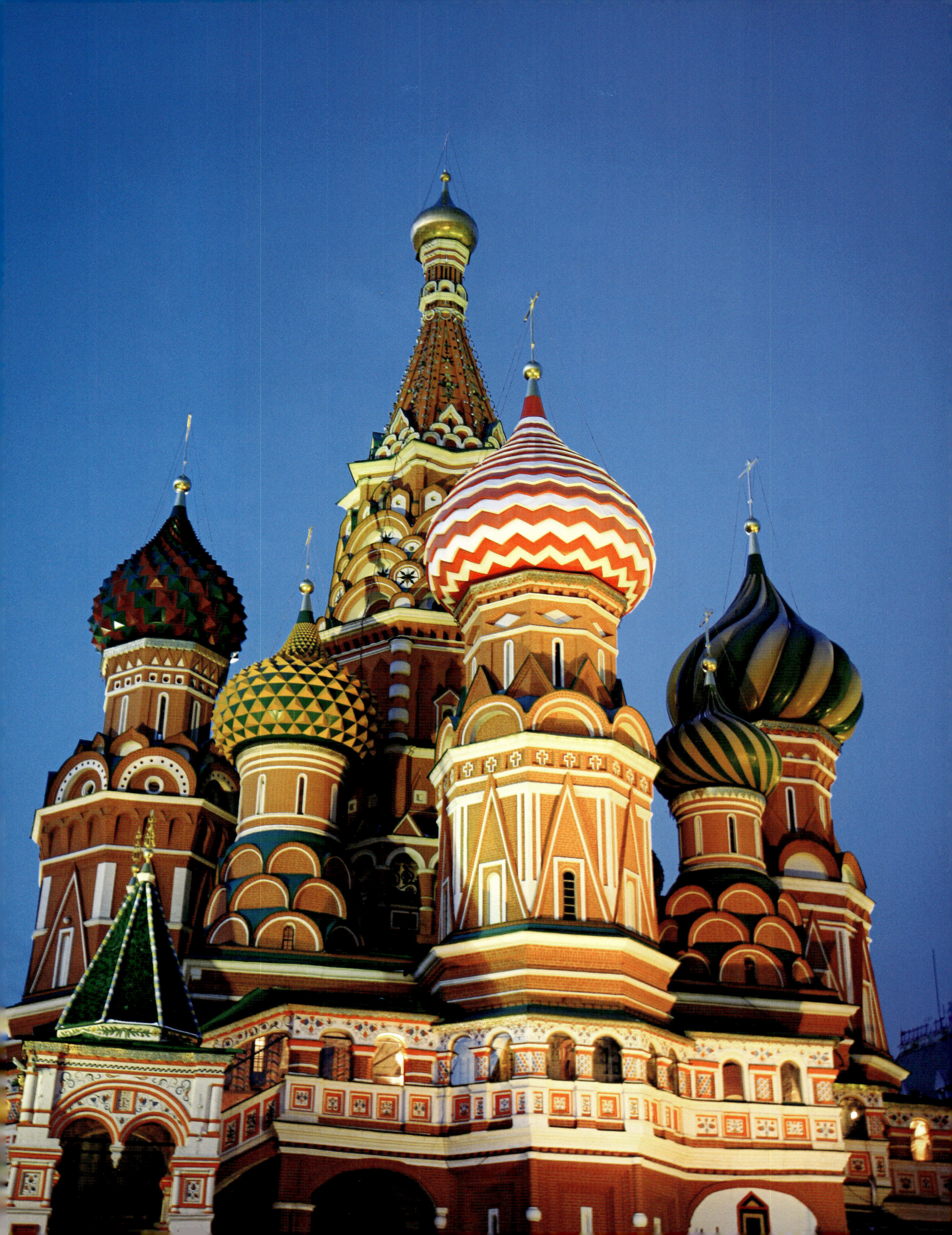

Seite 34/35:
Moskau-City bei Nacht. Am Flussbogen der Moskva wird seit 1992 die neue „Moscow-City" errichtet. Ein hypermodernes Stadtviertel mit Banken, Hotels, Geschäftshäusern, Einkaufsmalls und eigener Metrostation. Die Gebäude sind zwischen 250 und 339 Meter hoch, mit Turmspitze erreicht das höchste Bauwerk stolze 506 Meter.

Das Goldene Tor in Wladimir aus dem Jahre 1164 ist das Wahrzeichen der historisch bedeutsamen Stadt. Es war für Reisende und Händler der einzige Zugang zur alten Fürstenstadt Wladimir, die vom gleichnamigen Großfürsten 1108 gegründet wurde. Daneben prägt die Erzengel-Michail-Kirche das Stadtbild.

Eine „Elektritschka" fährt in den Bahnhof von Wladimir ein. Im Hintergrund thront majestätisch auf dem Hügel die Mariä-Entschlafens-Kathedrale, erbaut 1158 bis 1160. Sie ist das mächtigste Gebäude der Stadt und eine der prächtigsten Kirchen Altrusslands.

Rechte Seite:
Die Mariä-Entschlafens-Kathedrale von Wladimir, auch Mariä-Himmelfahrts-Kathedrale genannt, steht majestätisch auf dem Hügel über dem Fluss Kljasma. Von Außen beeindruckend und im Innenbereich ein Juwel russischer Fresken- und Ikonenmalerei. Als Hauptsehenswürdigkeit gelten Fresken des Malers Andrej Rubljow sowie Daniil Tschornyi.

ХРИСТОС ВОСКРЕСЕ!

Oben und rechts:
Die heutige Kleinstadt Susdal am Goldenen Ring unweit von Wladimir war einst mächtiger Sitz der Großfürsten und bedeutender Handelsplatz. Die Handelsreihen und die Auferstehungskirche rahmen den Hauptplatz im Zentrum der Stadt ein.

Links:
Unter den Arkadengängen der Handelsreihen in Susdal lässt es sich besonders im Sommer gut lustwandeln und einkaufen. Bis heute ist der klassizistische Bau mit seinen markanten weißen Doppelsäulen ein beliebter Einkaufs- und Handelsplatz.

Oben:
Blick über die Dächer von Susdal. Die Mariä-Geburts-Kathedrale mit ihren blauen Kuppeln und goldenen Sternen zieht alle Blicke auf sich. Daneben erhebt sich der Glockenturm des Erzbischöflichen Palais.

Rechts:
In der Altstadt von Susdal finden sich in vielen Häusern noch oder wieder die „Roten Ecken“, auf Deutsch die „Schöne Ecke“ mit dem Hausaltar, Ikonen und Kerzen, wo mehrmals täglich gebetet wird.

Links:
Am Ufer des Kamenka-Flusses in Susdal liegt in malerischer Lage das Mariä-Schutz-und-Fürbitten-Kloster wie eine Festung. Das Kloster war ab dem 16. Jahrhundert ein Verbannungsort für in Ungnade gefallene Fürstinnen.

Unten:
Abendstimmung am Kreml in Susdal. Von der einstigen Festung sind noch der Glockenturm und das Erzbischöfliche Palais aus dem späten 17. Jahrhundert erhalten geblieben. In seinem Inneren sind der Kreuzsaal und die Prunkgemächer sehenswert, im Erdgeschoss befindet sich das urige Restaurant „Trapesnaja“ mit traditioneller russischer Küche.

Linke Seite:
Rot leuchtet das Ziegelsteingebäude des Alten Bahnhofs in Kasan. Bereits 1878 wurde die heutige Hauptstadt Tatarstans an das Eisenbahnnetz angeschlossen.

Obwohl Kasan nicht an der Hauptstrecke der Transsibirischen Eisenbahn liegt, ist der Bahnhof der Stadt stark frequentiert. Er wurde in der jüngsten Vergangenheit erweitert und restauriert. Auch die alte Bahnsteigüberdachung blieb erhalten, eine Seltenheit in Russland.

Eine der modernsten E-Loks der Russischen Staatsbahn (RZD) vom Typ EP2 rangiert im Bahnhof von Kasan. Im Hintergrund sieht man die modernen Fußgängerbrücken des neuen Fernbahnhofs.

Seite 44/45:
Kasan, die Hauptstadt der Autonomen Republik Tatarstan, hat sich in den letzten 20 Jahren zu einer der schönsten Russlands „gemausert". Historische Paläste wurden mit viel Kunstfertigkeit restauriert. Vom Kasaner Kreml blickt man auf den Palast der Landwirte.

ДВОРЕЦ ЗЕМЛЕДЕЛЬЦЕВ

Oben:
Das Puppentheater in Kasan besticht durch seine interessante Architektur, die auf traditionelle Schmuckelemente der tatarischen Volkskunst zurückgreift. Das Theater gehört zu einem multifunktionellen Komplex, in dem sich ein künstlerisches Zentrum für Kinder und Jugendliche befindet sowie ein alttatarisches Dorf mit Mühle und Bauernhöfen.

Rechts:
Auftritt junger Talente in der Kinder- und Jugend-Musikschule von Kasan. Das Exklusivkonzert für Gäste des Sonderzuges begeistert seit Jahren Touristen aus aller Welt. Heute eine kleine Prinzessin am Bechstein-Flügel, vielleicht schon bald eine Königin unter den Pianistinnen?

Ganz links:
An der Kasaner Universität wurde ein Denkmal für Karl Fuchs errichtet. Der deutsche Arzt war von 1823 bis 1827 Rektor der zweitältesten russischen Universität.

Links:
Unmittelbar vor dem Eingangstor in den Kasaner Kreml steht das Denkmal für den tatarischen Nationaldichter Musa Dshalil. Als Politoffizier der Roten Armee kam er in Kriegsgefangenschaft nach Berlin-Moabit, dort lernte er deutsch und verfasste „Die Moabiter Hefte“, eine Gedichtsammlung. 1944 wurde er in Plötzensee hingerichtet.

Ganz links und links:
Festlich gekleidet gehen die Schülerinnen und Schüler am letzten Schultag vor den Sommerferien in die Schule. Es gibt Zeugnisse und danach drei Monate Ferien. Junge Leute treffen sich gern am Abend in der belebten Fußgängerzone, der Baumann-Straße.

Rechts:
Jahrhundertelang war Kasan geteilt, in die russische Oberstadt beim Kreml und die tatarische Vorstadt am Kaban-See (Wildschwein-See). In den restaurierten Vierteln der Tataren erstrahlen die Moscheen in ihren typischen Farben Grün und Weiß, im Bild die Al-Marjani-Moschee.

Ganz rechts:
Der Kreml wurde nach der Eroberung Kasans durch das Heer Iwans des Schrecklichen im Jahre 1552 als Machtsymbol der Russen über die Tataren errichtet. Seit 2005 steht auf seinem Territorium die Kul-Scharif-Moschee, das größte islamische Gotteshaus Russlands.

Rechts:
Heute wird in der Peter-und-Paul-Kathedrale wieder gebetet, zur Sowjetzeit war das Gotteshaus Restaurationswerkstatt und Planetarium.

Ganz rechts:
Der reich verzierte Turm der Peter-und-Paul-Kathedrale ragt in den blauen Himmel über Kasan. Die Kirche wurde im Barockstil errichtet und im Jahre 1722 anlässlich des Besuchs von Peter dem Großen geweiht.

Oben:
In der einstmals armen Tataren-Vorstadt von Kasan erstrahlen heute mit viel Liebe und Sorgfalt restaurierte Häuser. Sie bestechen unter anderem durch filigrane Holzschnitzereien und zeigen Einflüsse russischer und tatarischer Handwerkskunst.

Links:
Blick durch das Erlöser-Tor auf das Portal des Kasaner Kremlpalastes, der heute als Ausstellungszentrum dient.

Oben:
Der Schnellzug Moskau–Perm ist abfahrtsbereit. Lokomotiven, Waggons und Personal der Russischen Staatsbahn, wie hier im Bild eine Waggonschaffnerin erstrahlen in neuen Farben mit neuem Outfit.

Rechts:
Auf den Haltebahnhöfen an der Strecke gibt es nach vier bis fünf Stunden Fahrt für die Reisenden Möglichkeiten zum Einkauf. Angeboten werden verschiedenste Lebensmittel von Getränken bis Obst und Gemüse, daneben auch Zeitungen und Zeitschriften, selbst Schaukelpferde warten auf Käufer.

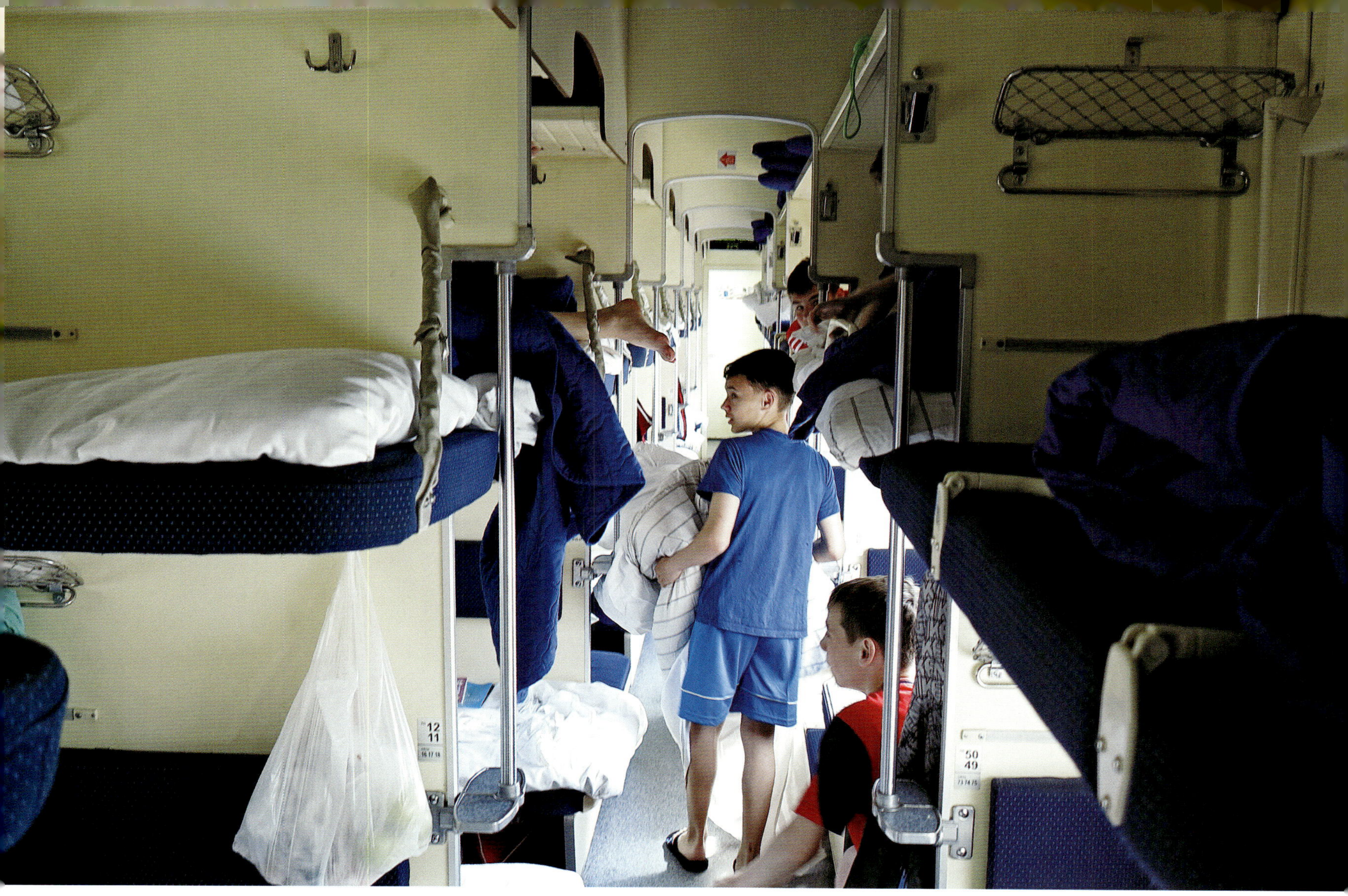

Oben:
Im „Platzkartny Wagon“ des Schnellzuges Moskau–Perm. In diesen Waggons gibt es 54 Plätze auf einfachsten Liegen. Die Privatsphäre ist in diesem Schlafsaal auf Rädern eher eingeschränkt. Im Volksmund wird diese Wagenklasse auch als „Holzklasse“ bezeichnet.

Ganz links und links:
„Vielleicht dürfen es doch ein paar frisch gepflückte Erdbeeren sein? … Oder frisch geräucherter Omul aus dem Baikalsee?“

Der Schnellzug Moskau–Perm hat sein Ziel, die Millionenstadt am Ural, fast erreicht. Vorher muss er noch die große Brücke über die Kama überqueren. Am anderen Ufer grüßt der Flusshafen und die moderne Silhouette der Stadt.

Nächtliche Ruhe in der Uliza Lenina, der Leninstraße im Zentrum der Stadt Perm. Moderne Geschäftshäuser, Banken und Apartment-Häuser dominieren das Bild.

Rechte Seite:
Die Stadt Perm weist durch Umsiedlung und Verbannung ein vielfältiges Völkergemisch der ehemaligen Sowjetunion auf. Dies kommt auch in den verschiedenen hier ansässigen Religionen zum Ausdruck. Es gibt Orthodoxe, Katholiken, Lutheraner, Juden und Muslime. Blick auf die Moschee im Zentrum.

ОФОРМЛЕНИЕ ПОДАРКОВ
КОМНАТНЫЕ РАСТЕНИЯ

Linke Seite:
Die Kleinstadt Kungur an der Transsibirischen Eisenbahn, 100 Kilometer östlich von Perm und 1535 Kilometer von Moskau entfernt, verfügt über einen kleinen aber schicken Bahnhof. Auch die Bahnhofshalle macht einen sehr gepflegten und einladenden Eindruck.

Kungur, die alte Tee-Handelsstadt im Ural, wird aufgrund ihres geschlossenen architektonischen Bauensembles des 18. Jahrhunderts gern als Filmkulisse genutzt. Im Bild alte Handelshäuser, die aus rotem Backstein errichtete Tichvin-Kirche und die Christi-Verklärungs-Kirche.

Die Eishöhle von Kungur bei Perm, zählt zu den vier größten der Welt. Auf rund sechs Kilometer Länge gibt es 58 märchenhaft anmutende „Säle“ sowie 50 Seen. Die Temperatur liegt ganzjährig konstant bei 0 Grad Celsius.

Von Selbstversorgung bis Fünf-Gänge-Menü – Die Verpflegung an Bord

Alle durch Russland rollenden Fernzüge verfügen in der Mitte des Zuges über einen Speisewagen. Reisende werden hier rund um die Uhr mit einem kleinen Sortiment an warmen und kalten Speisen, Getränken, Snacks und Süßigkeiten versorgt. Sehr beliebt sind die schmackhaften und nährreichen Suppen wie Borschtsch, Soljanka, Schtschij und im Sommer die kalte Okroschka. Daneben gibt es diverse Fleischgerichte oder auch Fisch, dazu Salate und Beilagen wie Kartoffeln, Nudeln oder Reis. Auch Nachspeisen, Eis und Süßigkeiten sind im Angebot. Auf allen Zügen und Bahnhöfen in Russland gilt Moskauer Zeit, der Zeitunterschied kann bis zu sieben Stunden betragen und es kommt schon mal vor, dass zum Frühstück Gulasch mit Makkaroni und Kohl serviert wird – und nichts anderes. Das ist so, weil die Rohstoffe und Lebensmittel verarbeitet und angeboten werden, die gerade verfügbar sind und das Servicepersonal nicht zu sehr Rücksicht darauf nehmen kann, ob den Gästen die Zeit oder das Angebot zusagt.
Tee und Kaffee sind die klassischen Heißgetränke, Bier, Wodka, Wein und die international üblichen Softdrinks haben sich durchgesetzt. Die Speisewagen werden an privat vermietet und, weil sie oft sehr teuer sind und die Qualität von Service und Essen nicht zum Preis passt, von den Reisenden wenig besucht. Der Russe ist in dieser Beziehung schon immer erfinderisch und greift auf andere Versorgungsmöglichkeiten zurück. Man „rüstet“ sich für die Reise mit dem eigenen Proviant. Bei Reisen von ein bis zwei Tagen und Nächten kein Problem. Für mehrköpfige Familien und längere Reisezeit gibt es viele Möglichkeiten, sich auf den Unterwegsbahnhöfen mit allem notwendigen Reisebedarf preisgünstig zu versorgen.
Alle Regelzüge machen im Abstand von vier bis fünf Stunden einen technischen Stopp von 30 bis 40 Minuten. Da werden Lokomotiven gewechselt, Wasser aufgetankt und der Müll entsorgt. Hier haben Reisende die Möglichkeit, bei Hausfrauen einzukaufen, die ihre selbst zubereiteten Speisen, vor allem im Winter schön warm gehalten, direkt an der Waggontür anbieten. Neben Fleischgerichten, Fisch und Kohl in allen Varianten sind besonders die sehr schmackhaften sibirischen Kartoffeln beliebt, gebraten oder gekocht, mit Dill, Schmand (Smetana) und ausgelassenem Speck übergossen. Auch Gebackenes und Gesottenes wird angeboten. Macht der Zug in der Nähe eines größeren Flusses oder Sees halt, gibt es zudem ein reichhaltiges Angebot an geräuchertem, gebratenem oder mariniertem Fisch. Im Sommer kommen körbeweise Beeren aller Art aus heimischen Gärten und Wäldern sowie eingelegte Gurken und Pilze zum Verkauf.
Eine weitere Alternative sind die 24 Stunden geöffneten Kioske auf allen Haltebahnhöfen, die alkoholische Getränke, frisches Brot, Milch, Joghurt, Kindernahrung, Süßigkeiten und Eis anbieten. Diese Angebote liegen im Preis zwischen denen der Privatanbieter und denen im Speisewagen. Einen nicht geringen Anteil an der Versorgung unterwegs haben auch die Schaffnerinnen in den Waggons. Sie heizen den als „Samowar“ bezeichneten, elektrisch oder mit Kohle betriebenen Wasserkocher neben dem Schaffnerabteil und so gibt es Tag und Nacht Tee, Kaffee, auch heiße Fertigsuppen, Schnellgerichte aus der Mikrowelle und ein kleines Sortiment an Waffeln, Keksen und Naschereien.

Barbecue am Baikalsee

Seit mehr als 15 Jahren sind im Sommer von Mai bis September Dutzende von Sonderzügen mit Touristen aus aller Welt auf der Transsibirischen Eisenbahn unterwegs. Zu diesen sehr exklusiv ausgestatteten Zügen gehören bis zu vier Speisewagen, um zeitgleich Gäste mit feinster russischer Küche zu verwöhnen. Vom Design der Speisewagen über Geschirr und Gläser bis hin zum Service- und Küchenpersonal ist alles auf hohe Qualität und Zufriedenheit der Gäste ausgerichtet. Vom reichhaltigen und vielseitigen Frühstück über das typische Fünf-Gänge-Menü zu Mittag – bestehend aus Vorspeise, Salat, Suppe, Hauptgericht und Dessert mit Tee und Kaffee – und einem soliden Abendessen mit ausgewählten Weinen, gut gekühltem Bier und Wodka soll es den Touristen an nichts fehlen, während draußen die sibirische Landschaft vorbeizieht. Barbecue am Baikalsee, eine „Sibirische Teestube“ oder auch Wodka- und Kaviar-Proben gehören zum Programm.

Links:
Die fleißige Kochbesatzung eines Speisewagens im Sonderzug Zarengold lässt sich in die Töpfe gucken. Auf engstem Raum, die Küche ist 4,5 Quadratmeter groß, wird russische Kochkunst für bis zu 220 Gäste zelebriert.

Oben:
Gemütliches Frühstück im Speisewagen des Zarengold-Sonderzuges. Während man durch die russische Landschaft dahingleitet, serviert der freundliche Kellner Käse und Wurst.

Kleine Bilder rechts, von oben nach unten: Einfache Mahlzeit im Regelzug, die im Vierbett-Abteil eingenommen wird. Zumeist besteht das Essen aus mitgebrachten oder unterwegs eingekauften Lebensmitteln.

Auf dem kleinen Tisch im Abteil steht alles, was der russische Reisende braucht, bereit. Viel Brot, Wurst, Tee, Mineralwasser und Instant-Suppen.

Das Frühstück beginnt mit verschiedenen Fruchtsäften, Tee oder Kaffee. Die typischen Tee- und Kaffeegläser stehen schon bereit.

Teegläser, Porzellan und Tischdecken sind mit Logo und Namen des bekanntesten Regelzuges „Rossija“ versehen. Rossija heißt Russland und der Zug verkehrt als Express zwischen Moskau und Wladiwostok mit der Nummer 1 beziehungsweise 2 im Fahrplan der Russischen Bahn.

Oben:
„Grün" für den Sonderzug Zarengold auf der Fahrt durch Sibirien.

Rechts:
Typisch russische Holzhäuser an der Bahnstrecke machen die Idylle Sibiriens aus. Hof und Garten werden intensiv für die Eigenversorgung genutzt und dienen der Kleintierhaltung, dem Gemüse- und Kartoffelanbau und der Bevorratung an Holz und Kohle für den langen und kalten Winter.

Oben:
Schmucke, kleine Holzhäuser bei der Fahrt durch Sibirien verzaubern den Touristen. Manchmal wehmütig wünscht man sich, in so einer Idylle zu leben. Aber die Realität sieht etwas anders aus, denn die Häuser haben keinen Wasseranschluss, kein WC und Bad, beides als Banja oder Plumpsklo 20 Meter hinter dem Haus, kaum feste Wege und wenig Infrastruktur.

Links:
Während des Lokwechsels werden regelmäßig auch alle Achslager und Bremsbeläge des gesamten Zuges streng kontrolliert. Das ist die Arbeit der Frauen und Männer mit dem Spezialhammer am langen Stiel. Die Sicherheit der Reisenden hat höchste Priorität!

Oben und rechts Mitte:
In der Umgebung von Jekaterinburg befinden sich zahlreichen Stauseen. Sie werden für die Versorgung der Industriebetriebe und Städte genutzt, gleichzeitig dienen sie der Naherholung der Bevölkerung. Der Wolchinskoje-Stausee liegt malerisch an der Bahnstrecke zwischen Kasan und Jekaterinburg.

Rechts:
In Jekaterinburg befindet sich eine Gedenkstätte für die Opfer der Stalinzeit. Auf einer langen Mauer sind Tausende Namen mit Geburts- und Todesjahr verzeichnet. Die sogenannte „Zeit der Repressalien“, als im ganzen Land Millionen Menschen verschwanden und ermordet wurden, hatte ihren Höhepunkt zwischen 1935 und 1938.

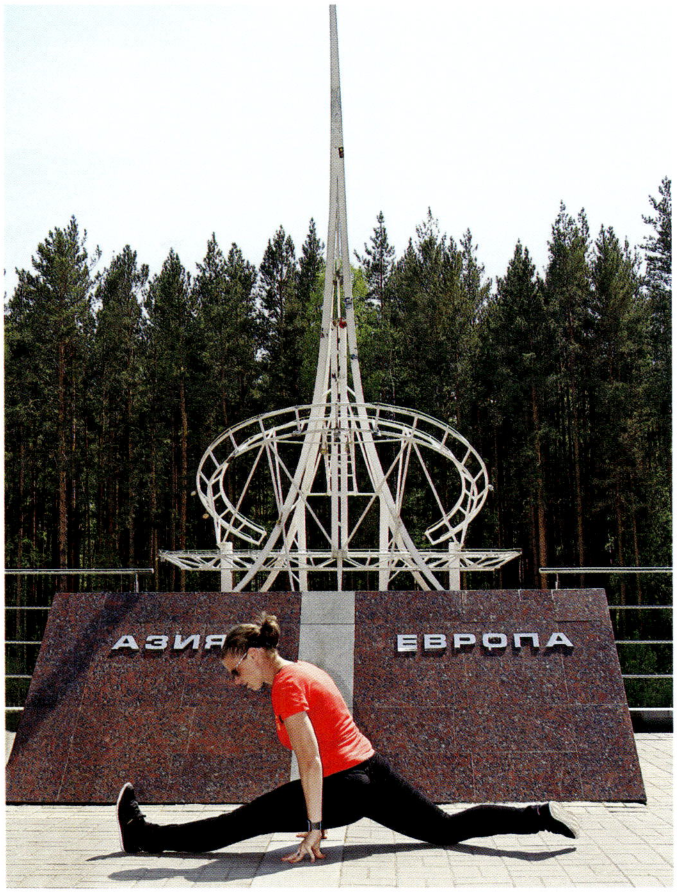

Links:
Ein Spagat zwischen zwei Erdteilen. Der ist im Ural, wie hier in der Nähe von Jekaterinburg, zwischen Asien und Europa möglich. Das imposante Kunstwerk steht am alten „Sibirischen Trakt“, dem Handelsweg zwischen Sibirien und Europa, am Straßenrand der Fernstraße R-242.

Vom Ural bis zum Pazifik – Sibirien, die Taiga und der Baikalsee

Blick über den „Stadtteich" im Zentrum von Jekaterinburg zur Blutskirche. Sie wurde 2003 geweiht und steht an der Stelle, wo im Juli 1918 der Zar und seine gesamte Familie von Bolschewiken ermordet wurden. Der künstliche See wurde bereits 1723 zur Versorgung der ersten Eisenhütten mit Wasser angelegt, heute ist er ein beliebtes Erholungsgebiet inmitten der größten Stadt des Ural.

Wenige Kilometer sind es von der Kontinentalgrenze zwischen Europa und Asien bis nach Jekaterinburg, der größten Stadt im Ural. Eine pulsierende Millionenstadt mit Modernem und Historischem. Die Kirche „Auf dem Blute" erinnert an die Ermordung der Zarenfamilie im Jahre 1918, sie ist wichtiger Pilgerort, Kirche und Gedenkstätte in Einem. Auf der Fahrt in Richtung Osten rollt der Zug durch die Westsibirische Tiefebene mit ihren Birken- und Laubwäldern und kleinen Dörfern, umgeben von Feldern und Wiesen.
Die älteste Stadt Sibiriens, Tjumen, liegt an der Strecke, Ende des 16. Jahrhunderts von Kosaken auf dem Weg der Eroberung Sibiriens gegründet. Nach rund 2700 Kilometern überquert der Zug den sibirischen Strom Irtysch, um wenige Minuten später die westsibirische Millionenstadt Omsk zu erreichen. Fast 700 Kilometer verläuft die Strecke geradlinig durch die Grassteppen hinter Omsk, um nach genau 3333 Kilometern den gewaltigen Ob zu überqueren, an dem die sibirische Hauptstadt Novosibirsk liegt.
Bei Krasnojarsk überquert die Bahn einen der wasserreichsten und wildesten Ströme der Erde, den Jenissej. Durch Ostsibirien schlängelt sich der Zug durch eine abwechslungsreiche Mittelgebirgslandschaft und die Taiga nach Irkutsk an der Angara. Die alte Pelz- und Teehandelsstadt mit ihren Kaufmannsvillen, Kirchen und Klöstern ist das Tor zum Baikalsee, an dessen Ufer die Fahrt 200 Kilometer entlang führt. Bei Ulan Ude an der Selenga zweigt die Transmongolische Eisenbahn in Richtung Mongolei und China ab. Über Tschita und Birobidschan geht es nach Chabarovsk, der Stadt am Amur. Entlang des Ussurij rollt der Zug Richtung Pazifik, nach Wladiwostok, auf dem Bahnsteig grüßt der Obelisk mit Doppeladler und der Zahl „9288".

1878
2003

Linke Seite:
Der alte Bahnhof in Jekaterinburg ist heute ein originelles Museum zur Eisenbahngeschichte der Region. Er wurde in den letzten Jahren liebevoll restauriert und erinnert an altrussische Kirchenbauten. In unmittelbarer Nachbarschaft befindet sich der Hauptbahnhof.

Reges Treiben herrscht im Stadtzentrum der Hauptstadt des Ural. Diese Bezeichnung trägt Jekaterinburg seit dem Jahr 2000. Historische Bauten aus dem späten 18. und 19. Jahrhundert wurden restauriert und fügen sich gut in das aus verschiedenen Bauepochen der Sowjetzeit entstandene Stadtbild ein.

Russisches „Altherren-Blas-Orchester“ gibt ein Ständchen in der Fußgängerzone. Spaß am Musizieren, aber auch die Notwendigkeit, die magere Rente aufzubessern, sind hier die Motivation.

Rechts:
Im mongolischen Zug zwischen Moskau und Ulaanbaatar. Neben Touristen und zahlreichen Kleinhändlern sind junge Mütter mit Kindern keine Seltenheit. Sie besuchen ihre in Russland arbeitenden Ehemänner, die sich als Gastarbeiter beim nördlichen Nachbarn verdingen.

Ganz rechts:
Im Regelzug-Verkehr zwischen Russland und der Mongolei werden sowohl russische als auch mongolische Züge eingesetzt. Die Waggons sind in Bezug auf Konstruktion und Ausstattung baugleich. Im Bild eine mongolische Schaffnerin in ihrem Waggon.

Rechts:
Auch wenn das Programm auf der Reise mit dem Zarengold sehr vielseitig und abwechslungsreich ist, zieht man sich gern mal ins eigene Abteil zu einer Lesestunde zurück.

Ganz links:
Die Bezeichnung Samowar hat sich für die Wasserboiler neben dem Schaffner-Abteil durchgesetzt, auch wenn er mit dem Original wenig zu tun hat. Zu jeder Jahreszeit ist der elektrisch oder mit Kohle betriebene Wasserkocher unabdingbar. Tee, Kaffee, heiße Suppen oder Babynahrung können so jederzeit zubereitet werden.

Links:
Moderne Unterhaltungselektronik hat die traditionelle Zeitschrift, Zeitung oder das Buch fast gänzlich verdrängt. Selbst die Kleinen sind fit auf dem Tabletcomputer.

Links:
Auf der Heimreise nach Perm ist auch diese Fußball-Schülermannschaft von Moskau unterwegs. Wenn man zusammenrückt, passen acht bis zehn Leute zu einem Plausch ins Vierbett-Abteil.

Oben:
Abendstimmung auf der Transsib. Die Lok ist gewechselt, Wasser aufgetankt, die Bremsen kontrolliert, die neuen Passagiere sind eingestiegen, alle Türen geschlossen und in wenigen Augenblicken setzt sich der Zug wieder in Bewegung.

Rechts:
Der Schnellzug Perm–Irkutsk passiert bei Kilometer 2562 die Station Nasyvajevskaja. Neben dem sehr schön renovierten Bahnhofsgebäude steht eine P-36-Dampflok, mit 30 Metern Länge eine der größten und stärksten Dampfloks der russischen Bahn.

Links:
Die Station Ljubinskaja bei Kilometer 2658 besitzt ein kleines aber feines Bahnhofsgebäude. Hier halten nur noch „Elektritschkas" und Personenzüge.

Oben:
Auf der Fahrt durch die Westsibirische Tiefebene ist das Land flach. Es gibt viele Sümpfe und Feuchtgebiete, die vom letzten Frühjahrshochwasser herrühren und von den typischen Birkenhainen durchzogen sind.

Rechts:
Das Land an der Transsib ist auch in Sibirien dicht besiedelt. Durchschnittlich alle 15 bis 20 Kilometer passiert der Zug eine Siedlung, ein Dorf oder eine Kleinstadt. Typisch sind die alten Holzhäuser, in jüngster Vergangenheit sind daneben verstärkt Steinhäuser gebaut worden.

Links:
Die ländlichen Gebiete in Westsibirien sind landwirtschaftlich geprägt. Hausbesitzer bebauen neben dem eigenen Garten meist auch ein Stück Land in der Nähe ihres Anwesens. So wird eine Eigenversorgung mit Kartoffeln, Kohl, Getreide, Obst und Gemüse für Mensch und Tier angestrebt.

Unten:
Nur langsam zieht sich in der sibirischen Ebene das von der Schneeschmelze zurückgelassene Hochwasser zurück. Brutstätte für Myriaden von Mücken aber auch von Fischen und Lurchen.

Oben:
Langsam nähert sich der Zug Perm–Irkutsk dem Kilometer 2711, an dem der Hauptbahnhof der westsibirischen Millionenstadt Omsk liegt. Typisch für das Vorfeld aller großen Bahnhöfe an der Transsib sind bereitstehende Bau-, Mess- und Hilfszüge.

Rechts:
Der Größe der Stadt entsprechend verfügt Omsk über einen großen, repräsentativen Bahnhof. Blick in das Innere der Bahnhofshalle.

Links:
Der Andrang ist groß beim Einstieg in den Zug von Perm zur Weiterfahrt nach Irkutsk. Obwohl alle Fahrgäste eine Fahrkarte und Bettkarte haben, geht es nicht ohne das übliche Gedränge beim Einsteigen.

Seite 74/75:
Fast genau an Kilometer 3333 östlich von Moskau überquert die Transsib den sibirischen Strom Ob. Der Bau der Eisenbahnbrücke über den Fluss im Jahre 1893 war die Geburtsstunde der Hauptstadt Sibiriens, Novosibirsk.

Linke Seite oben:
Am östlichen Ufer des Ob steht das kürzlich wieder errichtete Denkmal für Zar Alexander III. Er hat maßgeblich den Bau der Transsibirischen Eisenbahn forciert. Links daneben ein originales Brückensegment der ersten Brücke über den Strom, heute ein Technisches Denkmal und rechts im Hintergrund die einen Kilometer lange Ob-Brücke.

Empfang der Gäste des Sonderzuges Zarengold am Bahnhof in Novosibirsk nach sibirischer Tradition mit Brot und Salz von sibirischen Schönheiten …

… die auch hervorragend singen und tanzen können.

Linke Seite unten:
Ein kurzer Gewitterschauer zieht über die Station Taiga beim Durchfahren des Zuges hinweg. Der Bahnhof und die Stadt tragen den Namen des größten Waldgebietes der Erde, weil der Ort bei seiner Entstehung inmitten des sibirischen Urwaldes stand.

Eine Kreuzfahrt auf Schienen – Unterwegs mit dem Sonderzug „Zarengold“

Kreuzfahrt auf Schienen – so lassen sich die Fahrten mit Sonderzügen am Treffendsten bezeichnen. Der Mythos „Transsibirische Eisenbahn“ lebt seit der Eröffnung dieser Eisenbahnstrecke. Aber erst offene Grenzen zwischen Ost und West aber auch zwischen sogenannten „Bruderländern“, wie Russland, der Mongolei und China machten die Verwirklichung dieses Traumes real. Mussten Ausländer in den Siebziger- und Achtzigerjahren des 20. Jahrhunderts noch einiges an Mut, Cleverness, Sprachkenntnissen und Bereitschaft zu Entbehrungen mitbringen, um das „Projekt „Transsib“ zu verwirklichen, wurde das zu Beginn des neuen Jahrhunderts bedeutend einfacher, komfortabler und vielseitiger.

Zahlreiche Veranstalter „tummeln“ sich seitdem auf den Strecken durch Russland, die Mongolei und China mit Sonderzügen. Das neue, besondere ist, dass der Kunde exklusiv mit „seinem Zug“ unterwegs ist, betreut von sachkundigen Reiseleitern, der Sprache des Gastes mächtig, umgarnt von freundlichen Kellnern und beflissenen Schaffnerinnen. Das Essen ist gut, die Getränke gekühlt, die Klimaanlage funktioniert, es gibt Wasser für Waschräume und Toiletten und viele gleichgesinnte Mitreisende, mit denen man sich gemütlich im Speisewagen bei gepflegten Getränken und gutem Service austauschen kann. Es gibt täglich Kurzvorträge über Bordfunk zu Land und Leuten, Russischkurse, „Sibirische Teestunde“ und eine Wodka- und Kaviar-Probe.

Der sicherlich mit Abstand erfolgreichste Sonderzug auf der Transsibirischen Eisenbahn ist der „Zarengold“ und seit 2001 zwischen Moskau und Peking von Mitte Mai bis Ende September in beide Richtungen unterwegs. Der Zug besteht aus bis zu 21 Waggons, darunter vier Speisewagen, ein Gepäckwagen, ein Personal- und Stabswagen für Techniker, Mitarbeiter und den Zugchef und 15 Wagen für die Touristen. Mittlerweile sind die rollenden Unterkünfte buchbar von einem Stern in Vierbett-Abteilen bis zu Fünf-Sterne-Niveau in komfortablen Zweibett-Abteilen mit eigenem Bad, WC und Waschraum.

Von Moskau durch die Mongolei bis Peking

Die Reise beginnt in Moskau, wo es nach Besichtigung der wichtigsten Sehenswürdigkeiten der russischen Hauptstadt vom Kasaner Bahnhof über Nacht in die gleichnamige Stadt an der Wolga geht. Im Verlauf der Reise wird, je nach Größe und Attraktivität der Stadt, ein volles Tagesprogramm vor Ort absolviert oder auch nur ein kurzer Stopp von vier bis fünf Stunden eingelegt. Abends rollt der Zug weiter und man trifft sich in den Speisewagen zum Abendessen und bei einem Glas Wein oder Bier tauschen sich die Gäste über das Erlebte aus. So werden Städte wie Jekaterinburg, Novosibirsk, Krasnojarsk und Irkutsk als Zwischenstopps mit Exkursionen angefahren. In Irkutsk und Ulaanbaatar übernachten die Touristen zur Abwechslung in einem First Class Hotel. Diese Städte bieten sowohl ein interessantes Stadt- wie auch Landprogramm, das auf zwei Tage ausgedehnt wird. Ein besonderer Anziehungspunkt ist in der Nähe von Irkutsk der Baikal und das Tal der Angara. Vom Touristenort Listwjanka setzen die Gäste mit Schiffen nach Port Baikal über, vom ehemaligen Fährbahnhof startet die Fahrt der 84 Kilometer langen, alten Baikalbahn. Mit Tempo 30 geht es am steilen Felsufer des größten Süßwassersees der Erde entlang. Bei gutem Wetter wird vom Zugpersonal ein Picknick am Ufer des Sees mit tollem Panorama und leckeren Grillspezialitäten wie „Schaschlyki“ und Wein, Bier und Wodka organisiert. Die Stimmung, Eindrücke und Bilder prägen sich bei jedem Gast als unvergesslich ein.

Vom Baikal über Ulan Ude in Burjatien geht es in die Mongolei. Grenzformalitäten verlaufen immer einfacher und schneller und am nächsten Morgen erfolgt die Ankunft in Ulaanbaatar, der Hauptstadt der Mongolei, mit Zwischenübernachtung in Hotels. Ein interessantes Programm erwartet die Gäste in der Stadt und im nahegelegenen Nationalpark „Terelj“ in der Mongolischen Schweiz. Durch die sanften Hügel der mongolischen Steppe rollt der Zug seit Moskau auf Breitspurgleisen der chinesischen Grenze entgegen. Am Grenzbahnhof Erlian wird der Zug gewechselt und auf Normalspurgleisen geht die Reise nach 7923 Kilometern am Hauptbahnhof in Peking zu Ende. Die Verbotene Stadt, der Himmelstempel, die Große Chinesische Mauer und die legendäre „Peking-Ente“ runden diese moderne Abenteuerreise ab.

Links:
Lektüre im Speisewagen nach dem Essen.

Oben:
Blick in den großen Speise wagen des Zarengold, der sehr elegant und herrschaftlich wirkt. Man fühlt sich in die Zeit der Fürsten und Zaren versetzt. Insgesamt verfügt der Sonderzug Zarengold über vier Speisewagen in denen gleichzeitig über 200 Gäst versorgt werden können.

Kleine Bilder rechts, von oben nach unten: *Gediegene Atmosphäre und modernes Ambiente bieten im Zarengold die Wagen der Kategorie IV. Im Waggon gibt es sechs Abteile mit eigener Nasszelle mit WC, Dusche und Waschbecken. Die Klimaanlage ist individuell regelbar.*

Neben Bordvorträgen über Land und Leute können die Gäste des Zarengold auch einen Russischkurs absolvieren. Locker und lustig wird hier die russische Sprache von der sehr erfahrenen Reiseleiterin und Deutschlehrerin Ljudmila gelehrt.

Kurzweilig und voller Überraschungen ist die Reise mit dem Zarengold. Irgendwo in Sibirien steigt der Violinvirtuose Isaak für einige Stunden in den Zug, um die Gäste mit klassischen Weisen und altbekannten russischen Volksliedern zu unterhalten und zu begeistern. Überraschung gelungen!

Blick in ein Abteil der Kategorie II, Nostalgie. Der Waggon hat acht komfortable Zweibett-Abteile, klimatisiert, an jedem Wagenende je einen Waschraum, eine Dusche und zwei WCs.

Rechte Seite:
Die Hauptstraße in Novosibirsk ist der „Krasnij Prospekt“, auf Deutsch die „Schöne Straße“. Auf einer Insel inmitten des rollenden Straßenverkehrs steht die Kapelle des heiligen Nikolaj, Schutzpatron der Reisenden, aber auch zum Gedenken an den letzten Zaren, Nikolaj II. Gleichzeitig markiert die Kapelle den geografischen Mittelpunkt Russlands in seiner West-Ost-Ausdehnung.

Rechts:
Zeugnis der ersten Ansiedlungen in Novosibirsk, das bei seiner Gründung im Jahre 1893 Novo-Nikolajewsk hieß. Bevorzugtes Baumaterial ist hier die sibirische Lerche, die bis zu 300 Jahre hält.

Rechts:
Beliebt sind auch die Häuser aus der „Chruschtschow-Ära“, die aus Ziegelstein gemauert sind. Die Wohnungen sind großzügig in ihren Abmessungen, sind gut isoliert und verfügen über Balkons.

Ganz rechts:
Filigranes Schnitzwerk an einem historischen Holzhaus in Novosibirsk.

Приключения ждут тебя!
ADVENTURE TIME

Der Zarengold auf der Strecke zwischen Novosibirsk und Krasnojarsk.

Morgenstimmung auf der Transsib bei der Überquerung des Jenissej bei Krasnojarsk, genau 4100 Kilometer östlich von Moskau. Der Jenissej gehört zu den wasserreichsten Strömen der Welt. An seinem Oberlauf gibt es zahlreiche Wasserkraftwerke.

Oben:
Die Brücke über den Jenissej besteht aus zwei getrennten Bauwerken. Dadurch können Züge unabhängig voneinander gleichzeitig über die Brücken rollen. Bei einem gemeinsamen Korpus wäre das aus physikalischen Gründen wegen der Schwingungen und Belastungen nicht in jedem Fall möglich.

Rechts:
Der komplett renovierte Bahnhof von Krasnojarsk erstrahlt seit 2010 wieder in voller Schönheit und Größe. Blick von der Bahnseite auf das imposante Hauptgebäude.

Links:
Am 9. Mai 2015 wurde der 70. Jahrestag des Sieges über Hitlerdeutschland im ganzen Land auf vielfältigste Weise gefeiert. In Krasnojarsk wurde das Denkmal der alten Güterzug-Dampflok herausgeputzt und junge Menschen in Uniformen der Roten Armee von 1945 posierten als Helden, Sieger und Befreier.

Unten:
Das moderne Lokdepot der Mittelsibirischen Eisenbahn hat ihren Sitz in Krasnojarsk. In den letzten Jahren wurden zahlreiche moderne E-Loks der Baureihe EP-1 und EP-2 in Dienst gestellt. Im Bild E-Loks vom Typ EP-1.

Links:
Bei Kilometer 4377, an der Station Ilanskaja, stoppen alle Züge zum Lokwechsel und Wasserauftanken. Gute Gelegenheit für die Gäste des Sonderzuges, sich von den Ausmaßen der russischen Bahnhöfe an der Transsib ein Bild zu machen. Güterzüge und Personenzüge rollen auf diesem Abschnitt im 5- bis 6-Minuten-Takt in jede Richtung.

Unten:
Neue Speisewagen in modernem Design laden im Schnellzug Perm–Irkutsk zum Verweilen ein. Aufgrund der hohen Preise bleiben die Plätze allerdings oftmals verwaist und das Personal unter sich.

Ganz unten:
Fahrgäste und Schaffner verkürzen sich die Zeit im Regelzug Perm–Irkutsk mit einem Kartenspiel.

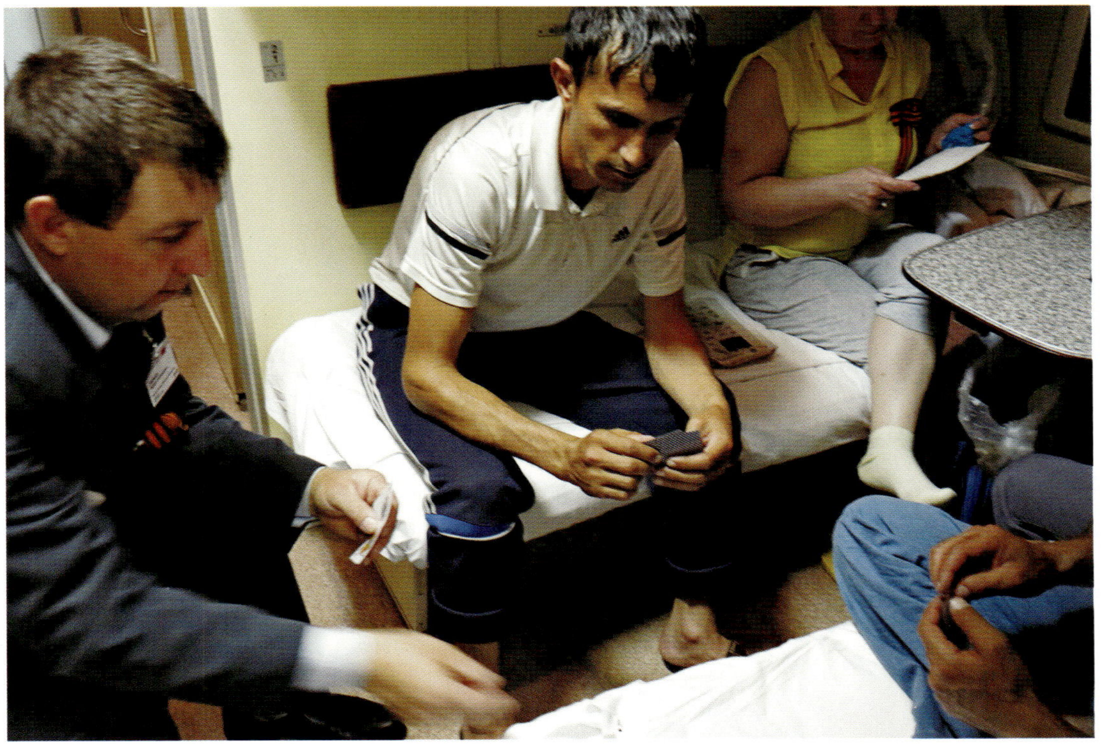

Oben:
Bei der Fahrt durch Sibirien bieten sich die vielfältigsten Blicke auf Landschaft und Menschen. Die Uhren ticken anders in Russland, man hat viel Zeit, auch zum Angeln, der Erfolg des Fanges ist nicht so entscheidend.

Rechts:
Der Zarengold-Sonderzug passiert einen Baustellenbereich auf seiner Fahrt durch Sibirien. Milliardenschwere Investitionen laufen zurzeit auf der gesamten Strecke der Transsib.

Oben:
Immer wieder nett anzuschauen, die Holzhäuser an der Strecke, irgendwo in Sibirien.

Links:
Eine Kilometertafel zeigt die Entfernung nach Moskau an. Auf allen Bahnstrecken in Russland, der Mongolei und China ist das System der Kilometermarkierung gleich. In Russland beginnen alle Strecken mit dem Kilometer „0" in Moskau auf dem jeweiligen Fernbahnhof. Alle 100 Meter steht außerdem ein Holz- oder Betonpfahl. Die Tafel, die immer rechts in Fahrtrichtung Osten steht, zeigt die vollen Kilometer an. So hat der Reisende jederzeit eine gute Orientierungshilfe.

Oben:
Während der Zug durch Sibirien rollt, haben die Gäste zum Mittagessen in den Speisewagen Platz genommen. Der appetitlich angerichtete Salat eröffnet das 4-Gänge-Menü.

Rechts:
Bei der „Zarentafel", einem festlichen Abendessen im Zarengold, zeigt die Küchenbesatzung ihr vielseitiges Können. Roastbeef mit frischem Gemüse und kaukasischer „Tkemali-Soße" ist nur eine Vorspeise!

Ganz rechts:
Die Fischplatte „Zarengold" ist vielseitig und typisch für festliche Vorspeisen in Russland. Lachs, Stör, geräucherte Sprotten in Öl, dazu roter Kaviar, Salat, Oliven und Zitrone.

Links:
Sehr beliebt bei den Touristen im Sonderzug ist die Wodka- und Kaviarprobe, wo gleich mehrere Sorten des populären „hochgeistigen Getränkes" degustiert werden. Vom „Russischen Standard" über „Chlebnaja", Wodka mit sibirischen Zedernkernen, bis zum „Jägerwodka" mit Kräutern ist die Palette sehr breit. Na Sdarowje! Zum Wohl!

Ganz links:
Roter Kaviar vom Lachs, am besten der von der Halbinsel Kamtschatka, und ein Gläschen Wodka, kristallklar, oder ein goldgelber „Perzowka", das ist ein Pfefferwodka mit Chilischoten, gehören zur Wodka- und Kaviarprobe im Zarengold.

Links:
Schwarzer Tee, auch Russischer Tee genannt, ist trotz hohem Wodkakonsum immer noch das Getränk „Nummer 1" in Russland. Besonders gern wird der Tee aus den typischen Teegläsern getrunken.

КАЛЕНДАРЬ СОБЫТИЙ ИРКУТСКА
С праздником
Великой Победы!
ПОБЕДА!

Linke Seite:
Abendstimmung im Stadtzentrum von Irkutsk, der Hauptstadt Ostsibiriens. Blick aus dem Fenster des Hotels, in dem die Gäste des Sonderzuges eine Nacht verbringen.

Von den einstmals über 20 Kirchen und 50 Gebetshäusern der Stadt Irkutsk haben nur wenige die Zerstörungen durch die Bolschewiken und Stalinisten überlebt. Die Gottes-Erscheinungs-Kirche, erbaut 1718 bis 1746, konnte mit ihrem reichen Innenschmuck gerettet werden. Ikonostase und Deckenfresken erstrahlen in alter Schönheit.

Eine Kerze anzünden und ein Gebet mit Bitten und Wünschen der Gläubigen oder Nichtgläubigen, das ist wieder Tradition in Russland, auch wenn der Großteil der Bevölkerung atheistisch aufgewachsen ist.

Oben:
Motor- und Speed-Boote liegen am Ufer der Angara für eine Tour auf dem Fluss bereit.

Rechts:
Irkutsk. Zwei junge Irkutsker Schönheiten warten an der Uferpromenade auf ihre „Prinzen“. Ob sie auch ein Schloss als Zeichen der Unzertrennlichkeit mitbringen?

Links:
Im kurzen sibirischen Sommer zieht es Jung und Alt an das Angara-Ufer, Händler haben ihre Stände aufgebaut – Luftballons werden immer gern gekauft.

Unten:
Von der Aussichtsplattform an der Uferpromenade der Angara hat man einen guten Blick über den Fluss zum Bahnhof von Irkutsk.

INSPIRE
ОДЕЖДА · ОБУВЬ · АКСЕССУАРЫ
ТАИС
Souvenirs
Сувениры
Hand made

1883
ПАЛАСЪ
МИЛЛЕРЪ

Linke Seite oben:
In der Nähe des Zentralen Marktes von Irkutsk liegt auch die Fußgängerzone der Stadt, mit zahlreichen Geschäften, Cafés und Restaurants. Gesäumt wird dieser Bereich von den typischen sibirischen Häusern aus Lerchenholz mit ihren reich verzierten Fassaden.

Ein „Rynok", auf Deutsch „Markt", gehört zu jeder russischen Stadt. So auch in Irkutsk. Das besondere auf diesem Markt sind die Einflüsse der fernöstlichen, sibirischen und russischen Küche. Hübsch und appetitlich sind sie anzusehen, die angebotenen Lebensmittel, exotische Salate, Obst und Gemüse und auch die netten und geschäftstüchtigen Verkäuferinnen. Im Außenbereich des „Rynok" werden Blumen und Pflanzen angeboten. Die Hobby-Gärtner decken sich hier mit Pflanzen aller Art für ihre Datschas ein.

Linke Seite unten:
Das Heimatkundemuseum von Irkutsk ist das älteste Museum Sibiriens. Es wurde im Jahre 1782 gegründet und nach einem Brand 1882 im Maurenstil wieder aufgebaut. Hier wird eindrucksvoll unter anderem die Geschichte der Ureinwohner Sibiriens, wie Burjaten, Ewenken und Karagassen, dargestellt. An der Außenfassade sind die Namen von 22 Sibirienforschern, darunter auch Alexander von Humboldt, verewigt.

СЛЕДОВАНИЯ
14-05

Linke Seite:
Der Bahnhof in Irkutsk steht an Kilometer 5185 von Moskau aus gerechnet. Die Eisenbahn kam im Jahre 1896 in die Stadt. Das wohlhabende Bürgertum, reich geworden durch Pelz- und Teehandel, konnte sich einen besonders prächtigen Bau leisten, zu dem eigens Architekten und Baumeister aus Italien kamen.

Ganz links:
Auf den Bahnsteigen herrscht immer reges Treiben. Irkutsk ist ein beliebtes Touristenziel für Gäste aus nah und fern. Im Hintergrund der Sonderzug Zarengold.

Links:
Reich ausgestattet ist auch die Inneneinrichtung des Irkutsker Bahnhofs. Blick in das „Buffet", das SB-Restaurant.

Ganz links:
Bahnarbeiter begutachten die Gleise vor einem Wagen des Sonderzuges Zarengold.

Links:
Auf allen russischen Bahnhöfen, so auch in Irkutsk, gibt es zahlreiche Kioske, die 24 Stunden täglich, auch an Sonn- und Feiertagen, geöffnet haben und ein vielfältiges Sortiment anbieten. Darunter auch immer frisches Brot, Eier, Obst, Gemüse, Getränke, Eis und Kindernahrung.

Links:
Der Zarengold verlässt den Bahnhof von Irkutsk in westliche Richtung, bis Moskau sind es noch 5185 Kilometer.

Unten:
Ein Schaffner des Sonderzuges freut sich auf seine Gäste.

Ganz unten:
Ein Vorortzug, auch „Elektritschka“ bezeichnet, steht abfahrbereit am Bahnhof in Irkutsk. Im Hintergrund das schmucke Bahnhofsgebäude.

Oben:
Der Sonderzug Zarengold durchquert die Taiga. Birkenwälder sind hier ein typisches Bild. Die Birke wird als Baum geliebt, verehrt, besungen und in Gedichten verewigt.

Rechts:
Frühlingsstimmung in der Taiga an der Strecke zum Baikalsee.

Links:
Der Zarengold-Sonderzug auf dem Weg vom Baikal nach Irkutsk. Hier muss ein Pass überquert werden. Die Strecke ist steil und kurvenreich und verfügt über einige Tunnels.

Oben:
Oberhalb des Baikal an der Strecke Sludjanka–Irkutsk fahren die Züge an malerisch gelegenen Dörfern vorbei.

Rechts:
Kurz ist der Übergang vom Frühling zum Sommer in Ostsibirien. Noch blühen die Bäume – aber der Boden wird schon vorbereitet für das Setzen der Kartoffeln um das idyllische Bauernhaus herum. Die Satelliten-Schüssel darf hier draußen nicht fehlen.

Links:
In den meisten Dörfern Russlands fehlen bis heute befestigte Straßen. Haus, Hof und Garten sind auf Selbstversorgung ausgelegt, da sind Folienzelte und Gewächshäuser besonders in Sibirien sehr wichtig.

Unten:
Panoramablick auf das südliche Ende des Baikal: Im Vordergrund liegen die Gleise der alten Strecke nach Port Baikal und die Station Kultuk, im Hintergrund die Bucht von Sludjanka.

Die Perle Sibiriens – Der Baikalsee

Der Baikalsee in Ostsibirien ist weit über die Grenzen Sibiriens und Russlands als Naturwunder bekannt. Gern wird er die „Perle Sibiriens" oder auch das „Baikal-Meer" genannt. Allein die Ausmaße des größten und tiefsten Süßwassersees der Erde sind immens. Auf einer Länge von 636 Kilometern erstreckt er sich von Südost nach Nordwest. Die Breite liegt zwischen 27 und 83 Kilometern. Gewaltig ist die Tiefe des glasklaren Wassers, die bei 1637 Metern liegt. Die Wasseroberfläche beträgt 31 500 Quadratkilometer, das entspricht der Größe Belgiens. Sein Wasser hat Trinkwasser-Qualität und fließt aus 365 Flüssen in den „Vater Baikal". Nur ein einziger, die Angara, verlässt ihn zwischen dem Touristenort Listwjanka und Port Baikal auf einer Breite von fast 900 Metern. Rund 2000 Kubikmeter Wasser verlassen den See bei normalem Wasserstand pro Sekunde, um durch Irkutsk, Bratsk und Ust-Ilimsk nach 1779 Kilometern in den Jenissej zu münden.
Die „Herren" des Baikal sind seit vielen Generationen die Burjaten, ein den Mongolen verwandtes Naturvolk. Das Leben der Alteingesessenen ist bis heute geprägt von Buddhismus und Schamanismus. So gehört das Ostufer noch heute zur Burjatischen Autonomen Republik. Aus dem Alt-Burjatischen stammt auch eine vermutete Fassung des Namens, „Baigaal-Dalai", was sich mit „Großes Wasser" übersetzen lässt. Die Bezeichnung „Bai-Kul" stammt aus Sprachen der benachbarten Turkvölker und die Chinesen bezeichneten den See als „Beichay", was „Nördliches Meer" bedeutet. Im Russischen spricht man nur von „Dem Baikal", was Hochachtung und Größe zugleich ausdrückt.

Einzigartige Natur

Folgt man den Jahreszeiten ab Herbst, so kann man ab November das langsame Zufrieren des Baikal beobachten, das bis in den Januar hinein dauern kann. Die Dicke des Eises beträgt dann durchschnittlich 80 bis 130 Zentimeter und trägt vom Motorschlitten über Pkw bis hin zu Bussen auch Schwerlastverkehr. Beliebt ist der See im Winter natürlich auch bei den Eisanglern, die stundenlang unbeweglich auf dem Eis bei Temperaturen um minus 35 Grad verharren, um einen „dicken Fisch" aufs Eis zu ziehen. Im Winter 1904, nach Ausbruch des Russisch-Japanischen Krieges, wurden sogar Schienen der „Transsib" auf dem Eis verlegt, um den Nachschub an die Front im Fernen Osten zu sichern.

Im April beginnt das Eis auf dem See langsam zu schmelzen, der „Baikalsommer" kommt sehr schnell, das Wasser erwärmt sich bis auf durchschnittlich acht Grad Celsius, die Natur um den See herum explodiert förmlich, alles wächst und blüht am Seeufer und in der angrenzenden Taiga. Für viele Besucher ist es Ehrensache, für ein paar Sekunden in die eisigen Fluten des Baikal einzutauchen. Wahrhaft vergoldet wird die Natur am Baikal in den Monaten September und Oktober, auch im Russischen gibt es den „Altweibersommer". Die Flora und Fauna ist ebenso einzigartig wie der See selbst. Es sind rund 1500 Tierarten und über 2000 Pflanzenarten im See und um den See herum beheimatet. Zahlreiche Arten sind endemisch, das heißt, sie kommen nur hier vor. Einzigartig die Nerpas, die Baikalrobben, deren Population durch strenge Schutzmaßnahmen wieder auf circa 60 000 angewachsen ist. Endemischer Art ist auch der Omul, ein schmackhafter forellenähnlicher Fisch von dem jährlich zwischen 1000 und 1200 Tonnen gefangen werden. Mariniert, geräuchert, gebraten, gedünstet – immer ein Genuss.
Interessantes und Einzigartiges über den Baikal ist im Limnologischen Museum von Listwjanka zu sehen, auch ein großes Aquarium mit Lebewesen aus dem See kann man bewundern, natürlich auch die „knuddeligen" Nerpas.
Listwjanka ist das touristische Zentrum am See, günstig über eine gut ausgebaute Straße von Irkutsk zu erreichen. Naturbelassen, malerisch und ruhig ist die einzige besiedelte Insel im Baikal, Olchon. Bei Touristen sehr beliebt und nur über eine Fähre zu erreichen. Das gesamte Baikalgebiet ist dünn besiedelt, was der Natur zugutekommt. Neben der „alten Baikalbahn" zwischen Port Baikal und Sludjanka mit ihren 84 Kilometern Länge führt die Hauptstrecke der Transsib am Ostufer auf einer Länge von 207 Kilometern direkt am See entlang. Am nördlichen Ende des Baikal verläuft zwischen Severobaikalsk und Nishneangarsk die Baikal-Amur-Magistrale, die jüngere Schwester der Transsibirischen Eisenbahn.

Links:
Der Sonderzug fährt in behaglichem Tempo von maximal 30 Kilometern pro Stunde auf der alten Baikalbahn. Hinter jeder Kurve und nach jedem Tunnel warten neue, imposante Ausblicke auf den See und die Landschaft.

Oben:
Die Bucht am Kilometer „110" ist gut zum Baden geeignet, wenn auch das Wasser eisig kalt ist. Wer darauf verzichten möchte, kann umsteigen auf eines der Ausflugsschiffe oder einfach ausruhen am Seeufer bei einem Picknick und dabei die Landschaft genießen.

Kleine Bilder rechts, von oben nach unten: Steil ragen die Felsen über der Station und dem gleichnamigen Dorf Marituj über dem Baikal auf. Hier gibt es eine der wenigen Begegnungsstellen für Züge auf der sonst eingleisigen Strecke.

An den Wochenenden und in den Sommerferien kommen unzählige Camper und Wanderer an das Seeufer, um die Romantik des Baikal hautnah zu erleben.

In Port Baikal endet die 84 Kilometer lange, sogenannte alte Strecke der Baikalbahn von Sludjanka aus. Touristen können hier zu einer Schifffahrt über den Baikal umsteigen.

Durch 39 Tunnels, über zahlreiche Brücken und Stützmauern bewegt sich der Zug mit maximal 30 Kilometern pro Stunde entlang des Baikalufers.

Auf der „alten Strecke" der Baikalbahn sind die Züge gemächlich unterwegs und das Balancieren auf den Gleisen ist ein ungefährlicher Spaß.

Russen und Burjaten stärken sich beim beliebten Picknick in der Nähe des Baikal.

Rechte Seite:
Der Zarengold fährt am Seeufer entlang. Im Baikalsee sollen Eisenbahnwaggons voller Gold des letzten Zaren versunken sein.

Oben:
Hier scheint die Zeit stehen geblieben zu sein: Sommeridylle über dem Baikal.

Rechts:
Das Picknick für die Gäste des Zarengold wird vom Küchenchef Sascha und seinem Grillmeister vorbereitet. Das Fleisch wird begutachtet und für gut befunden. Schaschlyki in Russland, das sind marinierte Schweinelendchen, auf Holzkohle gegrillt.

Oben:
Während der Sonderzug am Baikalufer entlangrollt, genießt der Koch seine Pause und die traumhafte Aussicht.

Links:
Es ist angerichtet. Das Picknick ist im vollen Gange, selbst wer keinen Hunger hat, bekommt von den lecker angerichteten Vorspeisen, dem Duft nach frisch Gegrilltem und einem Gläschen Wodka oder Wein ganz wie von selbst Appetit.

Rechts:
Der Lokführer beim Rangieren der Diesellok auf der Baikalstrecke.

Unten:
Der Sonderzug Zarengold steht in Port Baikal. Die Güterzug-Dampflok im Vordergrund ist technisches Denkmal und beliebtes Fotoobjekt zugleich.

Oben:
Ein besonderes Erlebnis, nicht nur für eingefleischte Dampflokfans: Der Sonderzug Zarengold wird von einer Dampflok entlang des Baikal gezogen.

Links:
Unvergessliches Erlebnis auf der alten Baikalstrecke: Wer möchte, kann auf der Diesellok außen stehend mitfahren, da lässt sich die Fahrt noch besser genießen und fotografieren.

Rechts:
Bahnsteige und Fußgängerbrücke am Bahnhof von Ulan Ude.

Rechts:
Während des Aufenthaltes in Ulan Ude werden Achsen und Bremsen des Sonderzuges auf Funktion und Sicherheit überprüft.

Ganz rechts:
Eine Schaffnerin des Sonderzuges erwartet die Gäste, die schon bald vom Ausflug zurückkommen.

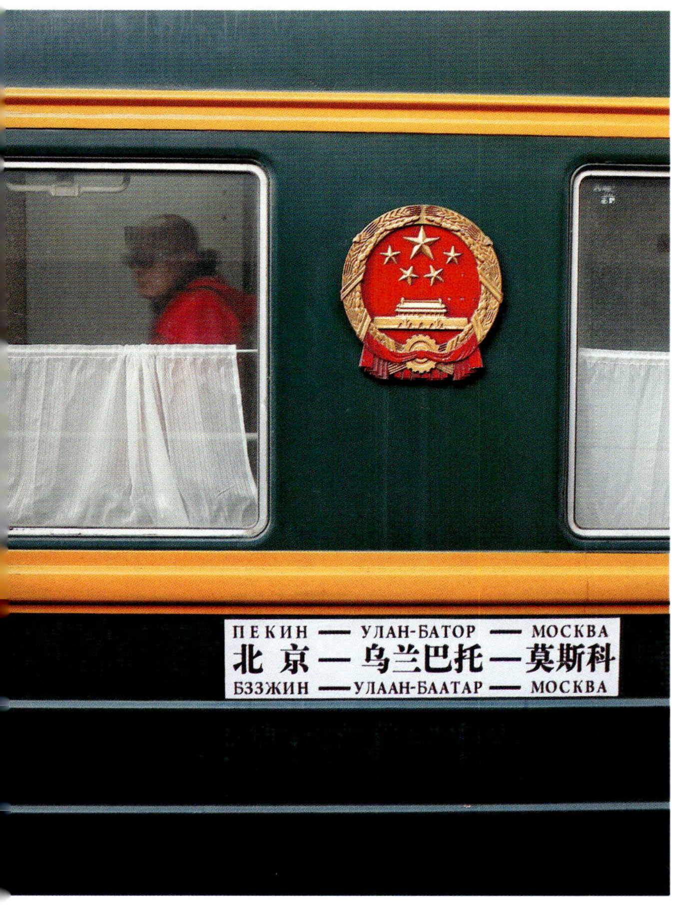

Ganz links:
Der Zarengold ist in Ulan Ude angekommen, am Kilometer 5640 von Moskau. Die Gäste begeben sich über die Fußgängerbrücke zur Stadtrundfahrt.

Links:
Der Bahnhof von Ulan Ude, der Hauptstadt Burjatiens, von der Stadtseite aus gesehen.

Ganz links:
Am Express-Zug Peking–Ulaanbaatar–Moskau leuchtet das Wappen der Volksrepublik China. Der chinesische Zug verkehrt einmal wöchentlich in jede Richtung, hier beim Stopp am Bahnhof von Ulan Ude.

Links:
Von der Fußgängerbrücke des Bahnhofs Ulan Ude blickt man auf die Bahnsteige, im Vordergrund steht ein Regelzug, dahinter der Sonderzug Zarengold. Für Regelzüge beträgt die Aufenthaltszeit 30 bis 40 Minuten.

Oben:
Ulan Ude hat eine attraktive Fußgängerzone, die Uliza Lenina. Am oberen Ende steht seit einigen Jahren wieder der Triumphbogen, der 1891 zu Ehren des Besuchs des Thronfolgers Nikolaj, dem späteren Zaren Nikolaj II. errichtet wurde.

Rechts:
„Vypuskniki", Schulabgänger, posieren an ihrem allerletzten Schultag und nach bestandenen Prüfungen vor dem Leninkopf am Sowjetskaja-Platz, dem zentralen Platz der burjatischen Hauptstadt.

Oben:
Burjatische Kultur kann man bei einer Aufführung des Burjatischen Nationalen Tanz- und Folklore-Ensembles in der Nationaloper von Ulan Ude erleben.

Ganz links:
Eine burjatische Schönheit zeigt Designer-Mode des nationalen Modeinstitutes.

Links:
Ein burjatischer Künstler brilliert auf seiner Pferdekopfgeige und mit dem einzigartigen Kehlkopfgesang der Nomadenvölker Zentralasiens. Optisch unterstrichen wird dies durch die Nationaltracht der Burjaten.

Über 6900 Kilometer hat der Zug von Moskau aus zurückgelegt, die Strecke führt durch das malerisch anmutende Tal des Mogotcha-Flusses. Aber der Sommer hier ist kurz, das Gebiet liegt auf Dauerfrostboden und im Winter kann das Thermometer bis auf minus 60 Grad fallen.

Ussurijsk, die Stadt am gleichnamigen Fluss, dem Grenzfluss zu China, ist ein wichtiger Verknüpfungsbahnhof. Hier mündet die Ostchinesische Eisenbahn, die erste Trasse der Transsib, auf die heutige. Unweit des Bahnhofs zweigt die Bahn nach Nordkorea ab. Berühmt ist Ussurijsk auch für sein „Balsam“, einen Kräuterlikör mit Ginseng-Wurzeln, und die Ussurij-Tiger.

Russische und hebräische Schriftzeichen auf dem Dach des Bahnhofs von Birobidschan. Die Stadt ist seit 1934 die Hauptstadt des von Stalin proklamierten Jüdischen Autonomen Gebietes. Die Idee einer freien jüdischen Republik funktionierte nicht, die meisten Juden haben das Gebiet und die ehemalige Sowjetunion schon lange verlassen.

Eine „Elektritschka" auf dem Bahnhof von Birobidschan. Die Vorortzüge verbinden das 180 Kilometer entfernte Chabarovsk mit der Hauptstadt des Jüdischen Autonomen Gebietes.

Unten:
Auf einem der mächtigsten Hügel der Stadt Chabarovsk, unmittelbar über dem Steilufer am Amur, leuchten die vergoldeten Kuppeln der wiederaufgebauten Verklärungs-Kathedrale.

Ganz unten:
In einem Park in der Nähe der Amur-Klippe steht das Denkmal für Nikolaj Murawjow-Amurski. Der ehemalige Generalgouverneur Ostsibiriens wird bis heute vom russischen Volk für sein Engagement bei der Entwicklung der Amur-Region hoch verehrt. So trägt auch die 5000-Rubel-Banknote sein Konterfei.

Rechts:
Ein atemberaubender Ausblick bietet sich von der „Klippe“ über den Amur bis hinüber nach China. Im Vordergrund der Schiffsanleger von Chabarovsk, von dem Ausflugsfahrten auf dem Strom und nach China starten.

Links:
Die neue Brücke über die Bucht von Wladiwostok ersetzt die Fähre zum „Goldenen Horn“ am Pazifik.

Unten:
Auf dem Bahnsteig am Bahnhof in Wladiwostok markiert die Säule mit dem Doppeladler den Endpunkt der Transsibirischen Eisenbahn. 9288 Bahnkilometer liegen zwischen Moskau und Wladiwostok, wie auf der Inschrift erkennbar ist.

Ganz unten:
In der Sonne leuchtend präsentiert sich das Bahnhofsgebäude von Wladiwostok in seiner ganzen Pracht. Das Jugendstilgebäude wurde zwischen 1908 und 1912 von italienischen Baumeistern und russischen Arbeitern errichtet.

Auf der Transmongolischen Eisenbahn durch die Mongolei nach Peking

Die Transmongolische Eisenbahn ist die kürzeste Bahnverbindung zwischen Moskau und Peking. Sie zweigt östlich des Bahnhofs von Ulan Ude in südliche Richtung ab. Nach dem Erlebnis Baikalsee beginnt mit dieser Bahnstrecke die sehr interessante Fahrt durch das weite, malerische Hügel- und Bergland entlang des Flusses Selenga. Nach rund 250 Kilometern wird die russische Grenzstation Nauschki erreicht. Für Reisende in die Mongolei finden hier die Grenzformalitäten der russischen Seite statt. Gut 25 Kilometer weiter, in Suchbaatar wiederholt sich dies bei den Mongolen.
Die Länge der Strecke durch die Mongolei von der russischen bis zur chinesischen Grenze beträgt 1111 Kilometer. Auf der Fahrt bis nach Ulaanbaatar geht es 400 Kilometer durch die teilweise noch bewaldeten Ausläufer der sibirischen Taiga. Kurvenreich verläuft die Strecke durch malerische Täler, entlang kleiner Flüsse, begrenzt von Viehweiden, den ersten Jurten und vereinzelt kleinen Ortschaften mit festen Bauten. Die Landschaft öffnet sich zu einem weiten Tal mit Hügel- und Bergketten von über 2000 Meter Höhe vor Erreichen der mongolischen Hauptstadt. Ulaanbaatar hat sich in den letzten 20 Jahren zu einer quirligen, modernen, manchmal etwas chaotischen Metropole entwickelt. Sie gehört seit einigen Jahren zu den jüngsten Millionenstädten Asiens, das heißt, von rund 2,6 Millionen Einwohnern der gesamten Mongolei wohnen bereits weit über eine Million in der Stadt, die aus allen Nähten zu platzen scheint. Rund 30 Kilometer südöstlich der Hauptstadt macht die Strecke vor malerischer Kulisse eine 360-Grad-Kehre, um Höhe zu gewinnen, und erreicht bei der Passhöhe den höchsten Punkt der Transmongolischen Eisenbahn auf 1425 Metern über dem Meeresspiegel.
Im Verlauf der nächsten zweihundert Kilometer wird die Landschaft zunehmend flacher, das Grasland weicht den Steppen und bei der Station Tschojr verläuft die Strecke bereits durch die Ausläufer der Wüste Gobi. Die Grenze zur Volksrepublik China wird bei dem mongolischen Wüstenstädtchen Zamin Uud erreicht. Wenige Kilometer sind es bis nach Erlian, dem Grenzbahnhof in China. Bis hierher verläuft von Moskau aus die gesamte Strecke auf der russischen Breitspur, die 1520 Millimeter beträgt. In Erlian werden neben der Grenzkontrolle die Personen-Regel-Züge auf die in China üblichen 1435 Millimeter umgespurt. Sonderzüge wie der Zarengold enden hier, die Gäste steigen auf einen chinesischen Sonderzug um, der sie nach Peking bringt. Nach Verlassen des Staates Mongolei führt die Strecke noch rund 450 Kilometer durch die „Innere Mongolei", das größte autonome Verwaltungsgebiet in China (ähnlich einer Provinz). Die Landschaft ist geprägt durch die auf Hochebenen mit einer Höhe von bis zu 1300 Metern gelegenen Wüsten- und Steppengebiete. Erst zwischen Jining und Datong fährt der Zug talwärts in weite, fruchtbare Ebenen. Kurz vor Erreichen der chinesischen Hauptstadt durchquert die Bahn noch einmal grandiose Bergmassive. Bei der Station Badaling wird das Gebiet der Großen Chinesischen Mauer durch enge Schluchten und zahlreiche Tunnel passiert. Die Reise auf der Transmongolischen Eisenbahn geht am „alten" Hauptbahnhof von Peking, nur wenige Minuten vom Platz des Himmlischen Friedens entfernt, zu Ende.

Historisches

Der Bau der Transmongolischen Eisenbahn erreichte im Jahre 1940 die russische Grenzstation Nauschki. Der Streckenverlauf entspricht bis nach China im Wesentlichen dem der alten Teestraße, auf der seit Jahrhunderten Waren transportiert wurden. 1950 war der Bau bis Ulaanbaatar fortgeschritten und Ziel dieses Gesamtprojektes war einerseits die engere Anbindung der Mongolei an sowjetische Interessen, andererseits die weitere Festigung des Bundes der beiden kommunistischen Großmächte Sowjetunion und China unter Stalin und Mao Tse Tung. 1955 wurde die Strecke bis Erlian eingeweiht und 1961 verkehrten die Züge auf Breitspur bis nach Jining. Die Lücke bis Peking wurde geschlossen und der Hauptbahnhof in Peking war der Endpunkt der Strecke. Bedingt durch die „Politische Eiszeit" zwischen beiden Staaten wurde 1965 die Breitspur von Jining aus bis zur Grenze nach Erlian auf Normalspur umgebaut. Von Ulan Ude bis Erlian ist die Strecke eingleisig und wird in Diesel-Traktion betrieben.

Links:
Gut 50 Kilometer südöstlich von Ulaanbaatar steht bei der Siedlung Tsonjin Boldog das Reiterstandbild des Dschingis Khan, unübersehbar silbern in der Sonne leuchtend. Im mongolischen Volk wird der Größte aller Mongolen uneingeschränkt verehrt.

Oben:
Schwerer Güterzug auf der Transmongolischen Eisenbahn auf dem Weg nach China. Die Züge werden von mindestens zwei 3000-PS-starken „Taigatrommeln" gezogen.

Kleine Bilder rechts, von oben nach unten: *Die Transmongolische Eisenbahn ist eingleisig. An den zahlreichen Begegnungsstellen sichern manuelle Streckenposten noch immer den Verkehr. Die gelbe Flagge in der Hand der Eisenbahnerin bedeutet „Strecke frei“!*

Zwei in die Jahre gekommene „Taigatrommeln“ ziehen einen mongolischen Regelzug über den Pass bei Chonchor, mit 1425 Metern über dem Meer die höchste Stelle der Transmongolischen Eisenbahn.

In der Nähe der Station Badaling fährt der Zug mit spektakulärem Blick auf die Chinesische Mauer.

Das Ziel der Transmongolischen Eisenbahn ist der „alte“ Hauptbahnhof von Peking.

Oben:
Unterwegs auf dem russischen Streckenabschnitt der Transmongolischen Eisenbahn zwischen Ulan Ude und der Grenzstation Nauschki. Eine Begegnungsstelle bei einem typisch burjatischen Dorf.

Rechts:
Der Sonderzug Zarengold wartet die Begegnung mit dem Schnellzug Irkutsk–Ulaanbaatar im Selenga-Tal ab.

Oben:
Der Sonderzug Zarengold, gezogen von einer Doppel-Sektion-Diesellok rollt durch das malerische Tal der Selenga.

Links:
Bei Kilometer 5902 von Moskau erreicht die Transmongolische Eisenbahn die russisch-mongolische Grenze in Nauschki. Bahnhofsgebäude und Umfeld befinden sich in einem optisch und technisch einwandfreien Zustand.

Oben:
Nomaden im mongolischen Nationalpark Terelj zeigen ihre Fähigkeiten und Kunststücke im Umgang mit den Przsewalski-Steppenpferden. Im Hintergrund ein Ger, die klassische Wohnstätte der Mongolen, in unseren Breiten auch als Jurte bekannt.

Rechts:
Bogenschießen gilt als eine der Nationalsportarten der Mongolen. Die Bögen und Pfeile sind nach alter Tradition selbst gefertigt. Die Männer schießen damit aus 75 Meter Entfernung auf kleine Holzkegel – und treffen!

Der mongolische Ringkampf ist nur den Männern vorbehalten, die Regeln sind einfach. Wer zuerst den Gegner „auf's Kreuz legt“, hat gewonnen. Vor dem Kampf gibt es Stärkung in Form von einer Schale Kumys, das ist gegorene Stutenmilch.

Nach kurzem Kampf steht der Sieger fest.

Im Nationalpark „Terelj“ gibt es unzählige Felsgebilde, die man mit etwas Fantasie als Figuren, Tiere oder Fabelwesen deuten kann. Der bekannteste Fels ist die „Schildkröte“.

Ein junger Mongole in Festtagstracht aus Filz, Leder und Seide bereitet sich auf einen Reiterwettkampf vor.

Rechte Seite:
Im Schutz der Felsen steht diese Jurte am Rand des Nationalparks „Terelj“. Das ist Natur pur – mit einer Satellitenschüssel als kleine Reminiszenz an die Zivilisation.

Zwei stolze Mongolen posieren in ihrer Festkleidung auf dem Suchebaatar-Platz in Ulaanbaatar. Im Hintergrund steht das Gebäude des Mongolischen Parlaments mit dem Denkmal für den Ur-Staats-Gründer Dschingis Khan.

Gläubige in Ulaanbaatar im Gandan-Kloster. Die Mongolen sind seit jeher Buddhisten. Seit dem Ende des Kommunismus gehen wieder alle Mongolen in die Tempel und Klöster zum Beten.

Oben:
Im Gandan-Kloster in Ulaanbaatar, dem größten buddhistischen Kloster der Mongolei, steht die monumentale, 26 Meter hohe Statue des tibetischen heiligen Bodhisattva. Sie wiegt 90 Tonnen, 8,6 Kilogramm Gold wurde aufgetragen und 2000 Edelsteine wurden verarbeitet.

Links:
Ein junger mongolischer Mönch dreht die Gebetsmühlen. Es ist wieder Tradition in der Mongolei, dass aus jeder Familie mindestens ein junger Mann für einige Jahre ins Kloster geht.

Register

FINNLAND
EST-LAND
Sankt Petersburg
Archangelsk
Kotlas
Wologda
Rybinsk
Twer
Jaroslaw
Kostroma
Moskau
Vladimir
Nishnij Nowgorod
Kotelnitsch
Kirow
Glazov
Wjatka
Tula
Rjasan
Murom
Wolga
Kasan
Perm
Serov
Ural-gebirge
Sarapul
Krassnoufimsk
Irbit
Jekaterinburg
Tjumen
Mortschansk
Saransk
Uljanowsk
Naberezhnyje Chelny
Birsk
Woronesch
Pensa
Samaraer Stausee
Kusnezk
Sysran
Togliatti
Samara
Ufa
Slatoust
Schadrinsk
Tscheljabinsk
Kurgan
Saratow
UKRAINE
Don
Orenburg
Wolgograd
Kaspisches Meer
KASACHSTAN
Astana
Karaganda
Petropavlovsk
Jalutorowsk
Ischim
Omsk
Tobolsk
Irtysch
Ischim-ebene
Surgut
Ob
RUSSLAND
Westsibirisches Tiefland
Baraba-ebene
Tabarsk
Barabinsk
Novosib
Kulunda-ebene
Tomsk
Jenissei

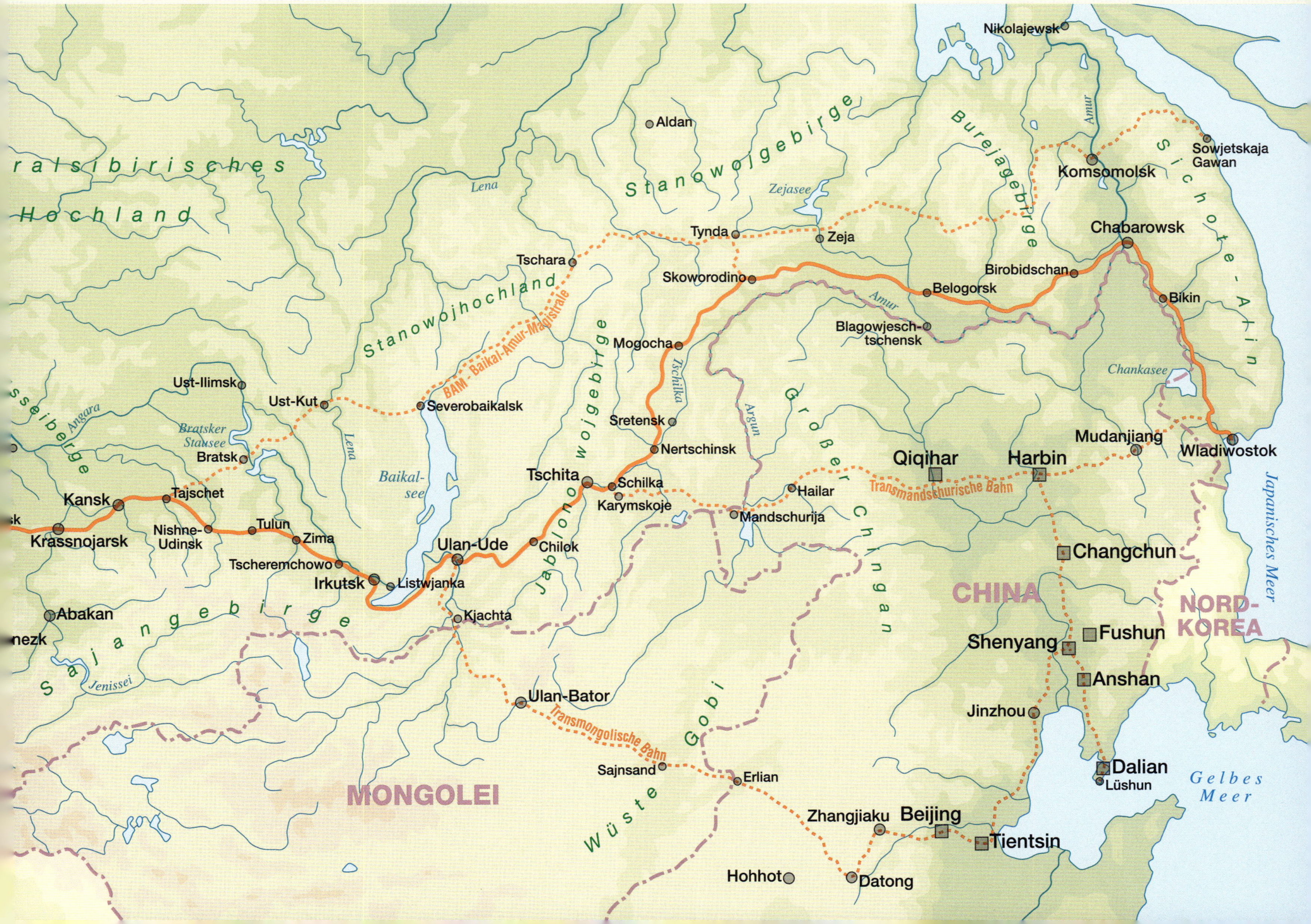

Nikolajewsk
Aldan
Stanowojgebirge
Burejagebirge
Sowjetskaja Gawan
Komsomolsk
Amur
Sichote-Alin
Zejasee
Lena
Tynda
Zeja
Chabarowsk
Tschara
Skoworodino
Belogorsk
Birobidschan
Bikin
Stanowojhochland
BAM - Baikal-Amur-Magistrale
Blagowjeschtschensk
Mogocha
Chankasee
Ust-Ilimsk
Ust-Kut
Severobaikalsk
Angara
Bratsker Stausee
Bratsk
Lena
Tschikoj
Argun
Großer Chingan
Sretensk
Nertschinsk
Mudanjiang
Wladiwostok
Qiqihar
Harbin
Transmandschurische Bahn
Baikalsee
Tschita
Schilka
Karymskoje
Hailar
Mandschurija
Kansk
Tajschet
Krassnojarsk
Nishne-Udinsk
Tulun
Zima
Tscheremchowo
Irkutsk
Listwjanka
Ulan-Ude
Chilok
Jablonowojgebirge
Changchun
Japanisches Meer
CHINA
NORD-KOREA
Abakan
Sajangebirge
Kjachta
Jenissei
Fushun
Shenyang
Anshan
Ulan-Bator
Transmongolische Bahn
Jinzhou
Wüste Gobi
Sajnsand
Erlian
Dalian
Lüshun
Gelbes Meer
MONGOLEI
Zhangjiakou
Beijing
Tientsin
Hohhot
Datong

Das Eingangstor zum Sujumbike-Turm im Kreml von Kasan symbolisiert die ewige Trennung von Sonne und Mond, die nie zueinanderkommen können. Von diesem Turm, aus 57 Meter Höhe, soll sich der Legende nach die tatarische, wunderschöne Prinzessin Sujumbike in den Tod gestürzt haben, um der Zwangsehe mit Iwan dem Schrecklichen zu entgehen.

Impressum

Buchgestaltung
Matthias Kneusslin
www.hoyerdesign.de

Karte
Fischer Kartografie, Aichach

Bildnachweis
Alle Bilder von Johann Scheibner mit Ausnahme von: S. 34/35: Olaf Meinhardt, www.olaf-meinhardt.de; S. 72 unten: Zac Allan; S. 118 oben: Dr. Leonid Kozlov/ Wikimedia Commos, Lizenz CC-BY-SA 3.0; S. 118 unten: Andshel/Wikimedia Commos, Lizenz CC-BY-SA 3.0; S. 123 oben: Toen96/Wikimedia Commos, Lizenz CC-BY-SA 3.0; S. 125 rechts, 3. Bild von oben: Bernd Klaube; S. 125 rechts unten: Bernd Klaube.

Printed in Italy
Repro: Artilitho snc, Lavis-Trento, Italien, www.artilitho.com
Druck und Verarbeitung:
Grafiche Stella srl, Verona, Italien, www.grafichestella.it

ISBN 978-3-8003-4239-6